누구나 일하고 싶은
농장을 만듭니다

지은이

백경학(푸르메재단 상임이사)

정태영(푸르메재단 실장)

임지영(푸르메재단 팀장)

장춘순(우영농원 이사)

박세황(푸르메재단 간사)

오선영(푸르메재단 팀장)

지화정(푸르메재단 간사)

이은정(서울장애인종합복지관 직업지원부서장)

강동규(지역아카데미 이사)

장경언(푸르메스마트팜 서울농원 원장)

최원철(CBS 노컷뉴스 기자)

최미영(서울장애인종합복지관 사람중심서비스국장)

최지원(푸르메재단 대리)

김해승(전 푸르메재단 대리)

탁현정(전 종로장애인복지관 평생교육지원팀장)

누구나 일하고 싶은 농장을 만듭니다

2020년 11월 27일 초판 1쇄 발행 ｜ 2022년 11월 30일 초판 2쇄 발행

지은이 백경학 외 14인 ｜ 펴낸곳 부키㈜ ｜ 펴낸이 박윤우
등록일 2012년 9월 27일 ｜ 등록번호 제312-2012-000045호
주소 03785 서울 서대문구 신촌로3길 15 산성빌딩 6층
전화 02) 325-0846 ｜ 팩스 02) 3141-4066
홈페이지 www.bookie.co.kr ｜ 이메일 webmaster@bookie.co.kr
제작대행 올인피앤비 bobys1@nate.com
ISBN 978-89-6051-815-5 03330

이 도서의 국립중앙도서관 출판예정도서목록(CIP)은 서지정보유통지원시스템 홈페이지
(http://seoji.nl.go.kr)와 국가자료공동목록시스템(http://www.nl.go.kr/kolisnet)에서
이용하실 수 있습니다. (CIP제어번호: CIP2020044362)

장애가 있어도, 나이가 들어도
함께 일할 수 있는 **스마트팜 케어팜 이야기**

누구나 일하고 싶은
농장을 만듭니다

백경학 외 14인 지음

부·키

장애 청년이나 치매 노인도 얼마든지 근무하고 만족을 얻을 수 있는 일터가 있을까요? 일본의 교마루엔 농장, 네덜란드의 에이크후버 농장, 독일의 하일브론 작업장 등 세계 곳곳의 소셜팜이 바로 그런 일터입니다. 더 많은 사람이 사회적 농업 현장에서 자립의 꿈과 재활의 희망을 그릴 수 있으면 좋겠습니다.

_김성수(대한성공회 대주교, 푸르메재단 명예이사장)

몸이 불편하고 마음이 어지러운 장애 청년과 치매 노인이 과연 농사를 지을 수 있을까요? 얼마든지 가능합니다! 첨단 기술이 적용된 자동화 농장, 스마트팜에서라면 누구나 노련한 농부가 될 수 있으니까요. 이 책은 우리나라의 푸르메소셜팜부터 네덜란드의 베쥬크 농장까지, 전 세계 스마트팜의 최전선을 소개합니다.

_이정모(국립과천과학관 관장, 《과학이 가르쳐준 것들》 저자)

'발달 장애인이 돌봄을 받는 객체에서 돌봄을 주는 주체로 거듭나는 곳'이라는 문구가 마음에 와닿았습니다. 장애인들은 스마트팜이라는 일터에서 농작물을 키우는 의미 있는 일도 하고 소득도 얻을 수 있습니다. 장애인들이 그토록 바라던 평범한 삶을 꿈꿀 수 있는 곳, 푸르메소셜팜을 그려 보며 벌써 마음이 설렙니다.

_이지선(한동대학교 상담심리사회복지학부 교수, 《지선아, 사랑해》 저자)

사회적 약자를 위한
좋은 일자리는 어디에 있을까

네덜란드의 한 농장에서는 장애인들과 노인들이 함께 어울려 밭을 가꾼다. 앞장선 노인이 괭이로 흙을 옴폭하게 파면 그 뒤를 장애 청년들이 따라가면서 작물의 씨앗을 한 알씩 넣는다. 농장 한쪽의 가축 사육장에는 병아리들에게 둘러싸인 채 앉아 있는 장애 청년이 있다. 누군가 그에게 다가가 가축들에 대해 물으면 발그레한 얼굴로 자신이 키우는 병아리에 대해 설명해 준다. 불과 1년 전만 해도 아무에게 입을 열지 않았던 이 청년은 농장에서 자연을 접하고 닭과 병아리를 돌보면서 굳게 닫았던 마음을 서서히 열게 됐다.

농장 경영주이자 네덜란드 사회적 농업Social Farming의 권위자인 얀 하싱크Jan Hassink 교수는 "장애 청년이나 치매 노인 등 모든 농장 이용자가 농업의 치유 효과를 경험한다"며 "작물을 재배하고 동물을 키우면서 자연스레 정서적 안정을 찾는다"고 설명했다. 무엇보다 작물을 키우는 과정에서 발달 장애인이 '돌봄을 받는 객체에서 돌봄을 주는 주체'로 거듭난다는 사실이 중요하다. 부모나 교사에게 보호나 도움을 받는 것에 만족하지 않고, 자기 힘으로 싹을 틔우고 꽃을 피우고 열매를 거두는 체험을 통해 자존감이 자라는 것이다.

최근 국내에서도 농업과 복지를 결합해 치유의 효과를 측정하는 연구가 활발히 진행되고 있다. 특히 농림축산식품부를 비롯한 여러 기관에서 국내 농업의 경쟁력 강화와 취약 계층에 대한 복지가 결합된 모델을 제시하기 위해 노력 중이다. 일손 부족으로 농촌의 경쟁력이 약화되는 상황에서 장애인이나 노인과 같은 취약 계층이 농사일을 하면서 치유 효과까지 얻는다면 큰 시너지를 발휘할 수 있기 때문이다. 이런 연구가 농업계에서는 '치유 농업'으로, 복지계에서는 '케어팜'이라는 이름으로 불리지만 농업이 주는 심신 안정의 효과를 사회적 가치로 확산하려는 방향성은 같다. 치유 농업이란 '치유를 제공하기 위한 농업의 활용using farming to provide care'을 의미한다. 케어팜은 사회적 돌봄을 뜻하는 '케어Care'와 '농장Farm'을 합성한 것으로, 치매 노인이나 중증 장애인이 농장에서 보내는 시간을 치유와 재활 서비스로 인정해 국가가 비용을 지불하는 새로운 유형의 복지 시스템이다.

전문가들은 농업 현장이 치유의 공간이 될 수 있다면 그 대상은 장애인이 가장 적합할 것이라고 본다. 자연과 가까운 곳에서 작물을 수확하면서 심리적 만족감을 얻는 경험은 장애인들이 특히 접하기 어려운 것이기 때문이다. 또 매일 똑같은 작업을 하더라도 작물마다 크기와 모양이 다르고 작물의 성장에 따라 환경과 작업 방법이 달라지기 때문에 현재 장애인 일자리의 상당수를 차지하는 단순 반복 작업과 큰 차이가 있다. 이처럼 케어팜은 장애인이 스스로 다양한 선택을 할 수 있고, 건강함이 가득하며 만족하는 삶을 찾아가는 공간으로 주목받고 있다. 특히 자존감 회복 등 농업이 가진 치유의 힘이 중요하다.

2017년 말 기준으로 우리나라의 등록 발달 장애인은 약 23만 명이다. 전체 장애인의 11퍼센트에 불과하지만 일자리와 자립 훈련이 필요한 30세 이하를 기준으로 살펴보면 전체 장애인의 62퍼센트를 차지하므로 발달 장애인의 비중은 상당하다. 그러나 우리 사회에서 발달 장애인의 일자리는 절대적으로 부족하다. 그나마 '먼지 없이 쾌적한' 좋은 일자리는 의사소통이 원활한 지체 장애인이나 경증 발달 장애인의 차지다. 발달 장애인의 약 80퍼센트가 집에만 머무는 것이 현실이고 그나마 주간 보호 센터에라도 갈 수 있으면 다행이다. 주간 보호 센터가 필요한 장애인이 20만 명인데 전국 주간 보호 센터의 수용 가능 인원은 1만 명 정도다. 게다가 한 부모 가정이나 기초 생활 수급자 가정이 우선이다. 일반 가정의 장애인은 보통 30명, 많으면 100명이 넘는 대기자를 앞에 두고 1년 넘게 기다려야 한다.

푸르메재단이 발달 장애 청년을 위한 일자리 모델로 케어팜 형태의 스마트팜Smart Farm을 구상한 것은 바로 이러한 이유 때문이다. 미래 농업의 중요한 기술 중 하나인 스마트팜은 온실 농업에 IoT, AI를 접목해 작물에 필요한 환경을 컴퓨터로 측정하고 통제하는 자동화 농장이다. 온습도를 계측하고 날씨 변화에 따라 문을 여닫으며 작물의 발육 상태에 따라서 양액의 양을 조절해 공급한다. 한마디로 기존의 농업 환경과는 상반되는 환경을 만드는 셈이다. 예전처럼 새벽부터 저녁까지 기후 변화에 노심초사하며 작물을 살필 필요가 없다. 컴퓨터로 데이터를 축적하고 작물마다 최적의 환경을 정밀하게 제어하는 스마트팜은 노련한 농부의 감보다 더 정확한 경우가 많다. 특히 토마토, 딸기, 파프리카, 버섯 등의 작물에 대해서는 놀라울 만큼 최적의 데이터를 마련할 수 있어 높은 생산성이 확보된다. 각종 병충해와 자연재해, 기후의 영향에서 자유롭기 때문에 무농약, 고품질의 작물 재배가 가능하다.

'농업의 전문적인 분야는 데이터와 기술로 보완하고, 노동력을 필요로 하는 요소요소에서는 발달 장애 청년들이 일할 수 없을까?' '작물을 기르며 얻는 농업의 치유 효과를 즐기면서도 높은 생산성을 유지해 농장의 안정적인 운영 환경을 구축할 수 있을까?' 수많은 고민 끝에 사람의 손길이 필요한 수많은 업무와 장애 청년들의 노동력이 적절하게 조화될 수 있겠다는 확신을 가졌다. 사회적 농업을 발달시킨 선진국의 사례를 직접 찾아가 살펴보며 이를 국내에 적용할 방법을 다각도로 논의했다.

하지만 사정은 녹록하지 않았다. 농업과 복지가 연계되어 다양한 시도와 지원이 이루어지는 일본, 케어팜이 1100여 곳이나 되는 네덜란드, 캠프힐Camphill 같은 장애인 농업 공동체의 역사가 오래된 영국과 달리, 우리는 농업을 기반으로 하는 장애인 일터 자체가 전국에 걸쳐 손에 꼽을 정도다. 생산품을 국가, 지방 자치 단체, 공공 기관에서 우선 구매하도록 의무화한 제도인 '우선 구매 제도' 역시 그 대상이 사회적 기업 등으로 넓어지면서 오히려 장애인 일터의 활로와 장애인 생산 제품의 판로는 점점 좁아지는 모양새다. 지역과 어떻게 교류하고 상생할 것인지 그 방안을 마련하는 것도 중요한 과제로 남아 있다. 이 책은 국내외 사회적 농업 현장과 그 속에서 더 나은 복지, 더불어 사는 세상을 만들기 위해 고민하고 노력하는 이들의 모습을 생생하게 그리고 있다. 푸르메소셜팜을 비롯한 사회적 농업의 핵심은 장애인들에게 일자리를 제공하는 것에서 더 나아가 그들이 나름의 역할과 자긍심을 가지고 자립하여 지역 사회의 일원으로 자리 잡게 하는 것이다. 스마트팜과 케어팜으로 대표되는 소셜팜이 죽어 가는 농촌을 활성화하는 대안이 되고 그곳에서 일하는 장애 청년들이 지역 농민들에게 없어서는 안 될 중요한 지역 사회 일원으로 거듭나는 날이 오기를 기대해 본다.

글_ 백경학(푸르메재단 상임이사)

차례

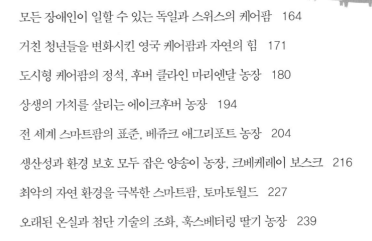

3부

농업을 통한 재활과 치유, 유럽의 케어팜을 가다

1부

장애 청년의 희망 일터,
푸르메소셜팜

농업에서 찾은 미래형 비즈니스 모델, 스마트팜과 케어팜

서울에서 한참을 달려 전북 완주에 위치한 농촌진흥청의 국립원예특작과학원 김경미 박사를 찾았다. 국내 스마트팜 기획을 위해 네덜란드 연수를 준비하던 중 장애인 관련 농업을 검색할 때마다 수없이 접했던 국내 치유 농업의 최고 전문가다.

노란색 외벽이 인상적인 치유농업연구센터 입구로 들어서자 건물 전체가 온실인 듯 푸릇푸릇했다. 복도를 지나 치유 농업 팀이 근무하는 공간으로 들어서니 다양한 형태의 식물 화분들이 즐비했는데 벽에 붙어 있기도 하고 자석처럼 파티션에 붙어 있기도 했다. 다양한 수경 식물들 덕분에 생기가 넘치는 사무실에서 김경미 박사가 말했다.

"지금 보신 것은 저희가 개발한 부착형 화분이에요. 실내에서 손

◆ 농촌진흥청 치유농업연구센터의 전경. 노란색 포인트의 외벽이 인상적이다.

쉽게 키울 수 있도록 아래쪽에 물 넣는 서랍을 만들었어요. 덕분에 간편하게 수분을 공급할 수 있지요."

따로 물을 주지 않아도 스스로 잘 자라는 화분도 있다. 특별히 식물들을 보살피기 어려운 경우를 위한 발명품이다. 김경미 박사는 화분 중간에 뚫려 있는 구멍을 가리켰다. "이곳에 손을 한번 넣어 보세요. 차가운 공기가 느껴지죠? 공기 중에 있는 수분을 자동으로 포집해 물을 주지 않아도 식물이 잘 자랄 수 있도록 한 거예요. 움직이기 힘든 장기 요양 환자들을 보고 아이디어를 얻었어요. 외부

출입이 쉽지 않은 이들은 옆에 푸르른 식물이 놓여 있는 것만으로 마음에 안정을 얻을 수 있죠."

◆ 치유농업연구센터에서 개발한 부착식 화분. 아래쪽에 물 넣는 서랍을 만들어 간편하게 수분을 공급할 수 있다.

◆ 화분 중간에 뚫려 있는 구멍을 통해 공기 중 수분을 포집한다. 덕분에 물을 주지 않아도 식물이 잘 자랄 수 있다.

케어팜, 교육과 상담 통해 기존 농업과 차별화

치유 농업은 말 그대로 농업을 통해 상처받은 마음을 치유하는 것이다. 유럽과 일본 등에서는 케어팜으로 불리며 장애인이나 치매 노인을 위한 복지의 한 형태로 보편화되었지만 우리나라에서는 아직 낯선 분야다. 김경미 박사는 "우리나라에서는 아직 케어팜에 대해 논의된 바가 없어 시작하기가 쉽지 않다"며 "치유 농업에 대한 수많은 데이터가 쌓이고 이에 공감하는 사람이 많아져야 케어팜 시스템 도입 논의를 본격화할 수 있기 때문에 대상과 방법을 달리하며 다양한 프로젝트를 진행해 왔다"고 설명했다.

"동일한 텃밭 프로그램이라도 대상에 따라 실제 실행되는 내용은 많이 달라요. 예를 들어 부모가 대상일 경우, 정성에 비례하여 식물의 성장에 차이가 있다는 것을 알려 주며 자녀 양육에 대해 고민할 기회를 줍니다. 학교 폭력으로 문제가 된 아이들은 가정에서 케어받지 못한 경우가 많은데 그런 경우에는 식물이 잘 자라나는 환경을 만들고 성장 자체에 집중할 수 있도록 하고 집에 대한 의미와 연계해 교육합니다."

김경미 박사는 단순히 노동으로서의 농업과 치유 농업에는 큰 차이가 있다고 강조한다. 케어팜을 찾는 사람들은 노동을 제공하러 온 것이 아니라 치유가 필요한 상황을 안고 오기 때문이다. 그러므로 치유 농업에는 반드시 전문가가 필요하다. "치유가 필요하다는 것은 그들에게 풀어야 할 문제가 있다는 것을 뜻해요. 즉 수익 창출 외의 명확한 목적이 존재한다는 것이죠. 그렇기 때문에 농업 활동과 함께 전문가를 통한 교육과 상담이 병행되어야 치유의 효과를 얻을 수 있습니다."

그렇다면 치유 농업에 가장 적합한 대상자는 누구일까? 이 질문에 김경미 박사는 "장애인"이라고 답했다. 자연과 가까운 열린 공간, 농업을 통한 힐링 체험, 수확의 즐거움은 그동안 장애인들이 가장 접하기 어려운 경험이었다. "치유 농업 자체가 사회적 약자를 위해 나온 복지의 한 형태예요. 스스로의 감정을 표현하기 어려운 발달 장애인에게 특히 적합하죠. 몸이 건강하고 지적 능력도 높지만 마음은 병들어 있는 정신 장애인의 경우 스트레스를 견디는 힘이 약하고 육체노동에 대한 선호도가 낮아 오히려 농업을 지속하기 힘들어요."

농업과 복지 분야의 윈윈 모델

그럼에도 불구하고 농촌진흥청에서 진행하는 치유 농업 프로젝트의 대상은 대부분 일반인들로 한정되어 있다. "우리는 장애를 드러내지 않고 감추는 문화를 가지고 있어요. 이런 사회에서 치유 농업을 장애인 대상으로 운영한다면 많은 사람이 '치유 농업은 곧 장애인 시설'이라며 색안경을 쓰고 볼 여지가 많죠. 그래서 누구에게나 열려 있고 효과가 있는 치유 농업임을 강조하기 위해 일반인을 대상으로 먼저 시작했어요."

　이렇게 시작한 치유 농업 프로젝트를 사회적 약자를 위해 점차 단계적으로 확장하려면 넘어야 할 산이 많다. 그중 가장 큰 산은 타 분야 기관과의 연계다. 복지 쪽에서는 농업을 잘 모르고, 농림축산식품부는 복지 서비스에 대한 정보가 많지 않기 때문이다. 공동 연구가 이루어지길 바라지만, 치유 농업의 필요성에 대한 인식과 고민의 수준이 서로 달라 아직 다음 단계로 넘어가지 못하고 있다. 그렇다면 장애인 일자리의 상당수를 차지하는 임가공의 단순 반복 작업과 비교할 때 농업이 갖는 장점은 무엇일까? "매일 똑같은 작업을 하더라도 작물마다 크기와 모양이 다르고 작물의 성장에 따라 필요한 환경과 작업 방법이 달라져요. 다양한 직무가 있고 작업을 세분화하면 분업화도 가능하죠. 장애 특성에 따라 가장 적합한 업무에 배치할 수도 있어요. 매일 변함없이 똑같은 작업을 해야 하는 임가공보다 훨씬 낫지요."

　장애인 시설의 기준이 우리보다 느슨한 일본은 다양한 형태의 사회적 농업을 시도하고 있다. 아직은 복지 서비스의 일환으로 농업 활동을 하는 수준이지만 농촌의 일손 부족 문제를 사회적 약자의 일자리 창출로 해결해 서로 윈윈할 수 있는 모델을 만드는 것이 그들의 지향점이다. 유럽의 케어팜 역시 같은 목적에서 시작됐다.

◆ 김경미 박사는 학교 폭력 청소년을 비롯해 다양한 그룹을 대상으로 치유 농업 프로젝트
  를 진행하고 있다.

돌봄과 직업 훈련 넘어 자립으로 향하는 길

발달 장애인을 위한 푸르메소셜팜 계획을 이야기하자 김경미 박
사는 지지를 표하며 일본 교마루엔 농장을 꼭 가 보라고 조언했다.
"장애인이 쉽게 일할 수 있는 환경이라면 일반인에게는 더 좋은 환
경이라는 게 그들의 생각이에요. 장애인에게 업무를 주기 위해서는
농작업이라는 시스템에서 그 작업을 분할하고 단계별로 세분화해
야 해요. 사회 복지 전문가와 함께 이러한 매뉴얼을 표준화하는 작

업이 필요하죠."

장애인에게 적합한 업무를 파악해 배치하는 것도 매우 중요한 일이라고 덧붙였다. 이것은 농업의 장점이기도 하다. 복잡한 만큼 분업화가 이뤄지면 다양한 업무가 파생되기 때문이다. "교마루엔에는 해충 포집기가 있는데 그것만 담당하는 장애인 직원이 있어요. 하루 종일 지켜보다가 몇 시간 후에 교체하는 일이죠. 멍하게 있는 것을 좋아하는 장애인에게 그 업무를 맡겼더니 누구보다 잘하더라는 겁니다. 참 인상적이었죠."

해결해야 할 과제는 또 있다. 장애인들의 돌봄과 직업 훈련을 넘어 경제적 자립을 목적으로 한다면 일반 사람들과 달리 오랜 시간 일에 집중할 수 없는 장애인들을 위한 별도의 임금 체계를 마련해야 한다. "명확한 임금 체계가 없기 때문에 농장에서 장애인을 고용하고 싶어도 그러지 못해요. 아무래도 생산성이 떨어지는 장애인에게 비장애인과 동일한 급여를 지급하기는 어려우니까요."

일본 농복연계 사업에서는 지역 위원회에서 아예 직무별로 임금 기준을 정한다. 어떤 업무에 대해 기준을 정하고 그 업무가 완료되면 정한 금액을 지불하는 형태다. 그러므로 몇 명이 일하든, 몇 시간을 일하든 상관없다. 농장주 입장에서는 정해진 금액으로 계약된 업무를 완료할 수 있으니 만족스럽고, 수탁을 받은 복지 기관에서는 업무에 맞춰 장애인 직원을 선발하거나 많은 인원을 투입하거나 작업 시간을 늘려 부족한 생산성을 보완하면 된다. 푸르메소셜팜은 장애인들에게 좋은 일자리를 확보해 주는 것을 목적으로 하기 때문에 작업과 임금에 대한 문제에 좀 더 집중해서 좋은 대안을 찾아낼 수 있을 것이다. 사회적 농업의 모델을 제시하여 사회적 함의를 이끌어 내는 것이 목적인만큼 앞의 문제들은 반드시 짚고 넘어가야할 숙제가 됐다.

소비자의 가치 소비를 유도하는 것이 중요하다

케어팜의 비즈니스 모델은 김경미 박사에게도 큰 숙제다. 체험 농장의 형태로 안정적인 수익을 기대하는 것은 무리가 있다. 일시적 체험으로 그치는 경우가 많기 때문이다. 결국 농업 활동을 기준으로 부가적 수익을 창출해 내는 것이 답이다. "농업에서 수익을 내기 위해서는 안정적인 판로를 구축해야 해요. 많은 케어팜이 자리를 잡은 유럽에서는 사회적 가치가 있는 농장의 생산물이 시장에 잘 진입할 수 있도록 지역 사회와 시민들이 나서서 도와주는 반면 우리나라는 아직 그런 부분이 아쉽죠. 사회적 농업에 대한 인식도 깊지 않고요."

푸르메소셜팜에서는 그에 대한 대안으로 지자체와 기업의 삼자 협력을 생각한다. 지자체를 통해 스마트팜 부지와 지역 사회의 네트워크를 확보하고 기업을 통해 판로를 구축하여 안정적인 수익 창출을 꾀하겠다는 전략이다. 김경미 박사는 이에 더해 농장에서 파생될 수 있는 새로운 비즈니스 모델을 제시했다. "우리 사회도 점차

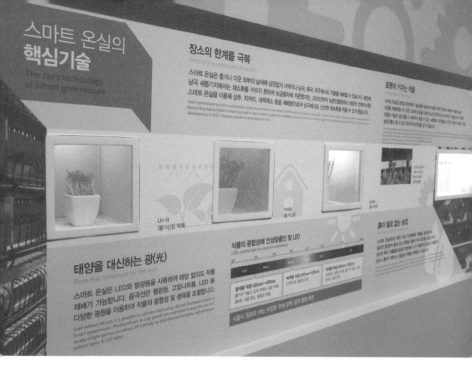

◆ 케어팜이 지속 가능하기 위해서는 새로운 비즈니스 모델이 필요하다. 이를 위해 첨단 IT 기술이 접목되고 있는데 스마트팜이 대표적인 예다.

가치 소비를 추구하는 소비자가 많아지는 추세예요. 장애인이 체험할 수 있는 농장이라는 특수성만으로 특정 고객층이 찾게 되는 사회적 기반이 마련되어 있다고 봐요. 치유 농장을 찾는 가족과 체험 고객들이 농장에서 체류할 수 있는 기간을 늘려 다양한 체험과 소비를 할 수 있도록 디테일하게 설계되어야 해요. 단순히 딸기 수확 체험만 하고 돌아가는 것이 아니라 요리나 가공품 만들기처럼 다양한 체험 프로그램을 마련하고 숙박 시설은 물론 마켓, 레스토랑 등 부대 시설도 필요하죠. 이 모든 것이 가능하려면 정부의 규제 완화가 선행되어야 합니다."

정부를 설득해 규제를 풀고 각 분야의 전문가를 모아 새로운 규칙과 기준을 만들어 가는 것은 가장 중요한 과제 중 하나다. 복지와 고용과 미래 농업이 함께 있는 공간, 생산과 소비와 문화생활이 어우러지는 복합 공간을 만들기 위해서는 고용노동부, 보건복지부, 농림축산식품부 등 정부 부처와 자치 단체가 함께 협력해 새로운 모델을 만들어 가야 한다. 그리고 이 일은 지난하고 어려울 수밖에 없다. 누구도 가지 않은 길을 가는 것은 어렵지만 필요한 일이다. 하지만 그 길의 가치에 공감하고 함께해 주는 사람이 많아진다면 얼마든지 자랑하고 참여할 수 있는 케어팜이 늘어날 것이다.

글_ 지화정(푸르메재단 간사)

사회적 농업에서 찾은
장애 청년 일자리의 미래

2018년 2월에 열렸던 평창 동계 올림픽에서는 최첨단 IT 기술이 총 동원되어 세계인들을 깜짝 놀라게 했다. 특히 개막식과 폐막식에서 사람들의 눈길을 사로잡은 드론 쇼는 수많은 드론이 밤하늘에서 일 사불란하게 움직이며 수호랑과 오륜기를 만드는 장관을 연출해 세계인의 찬사를 받았다. 놀라운 것은 1000개가 넘는 드론을 컨트롤 하며 쇼를 연출한 사람이 한 명이었다는 것이다. 이처럼 충분한 빅 데이터와 정교한 프로그램, 이를 뒷받침할 기술력이 있다면 기존에는 상상할 수 없었던 일들도 얼마든지 가능한 시대가 되었다.

농업만큼 우리 삶에 직접적이면서 오래된 산업은 없다. 굳이 찾자면 수렵이라고 할 수 있겠지만 적어도 인간이 정착하고 문화를 형성하며 시작했던 산업은 농업이다. 오랜 시간 동안 많은 기술 발

◆ 평창 동계 올림픽의 개회식과 폐회식을 수놓았던 드론 쇼.

전과 산업 전환이 있어 왔지만 그럼에도 불구하고 우리 농업의 대다수는 씨앗을 뿌리고 가꾸고 작물을 수확해서 팔거나 스스로 소비하는 형태를 벗어나지 못했다. 그래서 농업은 1차 산업이고 새벽부터 해야 하는 힘들고 거친 일이며, 큰돈을 벌 수 없다는 인식이 일반인에게는 크게 남아 있다.

하지만 농업에도 드론 쇼 못지않게 첨단 IT 기술로 놀라운 진화를 이끌어 내는 사례가 있다. 이른바 4차 산업으로 분류되는 스마트팜이다. 분야는 다르지만 정교한 데이터 설계와 자동 프로그램 구축을 통해 한 사람이 수십 명의 일을 담당할 수 있다는 점에서 스마트팜은 첨단 과학 기술의 산물이다. 이미 네덜란드나 일본 같은 농업 선진국에서는 오래전부터 활발하게 적용되며 큰 성과를 내고 있다. 우리나라에서는 아직 걸음마 단계이지만 농촌진흥청과 자치단체, 기업과 학교에서 활발하게 연구가 진행되고 있어 앞으로의 전망은 상당히 밝은 편이다.

국내 최초의 스마트팜 학과가 개설된 연암대학교

기존의 농업에서 작물의 재배와 수확에 관련된 모든 업무를 농부가 해 왔다면, 스마트팜은 온실 농업에 IoT 기술을 접목하여 작물의 환경에 대한 정보를 모바일로 확인하고 제어하는 '자동화 농장'이다. 2세대 스마트팜은 여기에서 한 걸음 더 나아간다. IoT 기술에 더해 스스로 학습하는 AI 기술을 접목시켜 스스로 최적화된 환경을 찾고, 농부의 별도 지시가 없어도 적절히 문을 열고 닫으며 양액을 공급하고 보일러를 가동한다. 농부는 종종 데이터 값이 적정한지, 세팅이 적절히 되어 있는지, 혹시 꿀벌들이 더 필요한지만 확인하면 그만이다.

스마트팜을 도입하면 농부의 하루는 획기적으로 달라진다. 부모님 세대의 농부가 아침부터 저녁까지 작물을 살피고 돌보느라 허리도 못 펴고 고된 노동을 해야 했다면 스마트팜 농부는 휴대폰과 컴퓨터, CCTV로 작물의 상태를 확인하고 적절한 명령을 모바일로 내리면 된다. 베짱이 같은 아들 농부가 휴대폰만 들여다보는 모습

◆ 연암대학교 내 구축된 스마트팜 온실에서 파프리카가 자라고 있다.

을 부지런한 아빠 농부가 본다면 경을 칠 일이지만 결과적으로는 아들 농부의 수확이 훨씬 좋을 것이다. 아빠 농부의 감에만 의존했던 농작물의 환경 제어를 빅데이터를 통해 더 과학적이고 체계적으로 할 수 있고, 기후와 토양의 영향을 덜 받아 생산성과 품질 면에서 월등히 높은 성과를 낼 수 있기 때문이다.

"이론상으로 충분한 데이터와 제어 기술이 있다면 스마트팜은 어떤 작물이라도 재배가 가능합니다. 양액을 통해 작물에 필요한 영양분을 채워 주고 온도와 습도, 햇빛의 조절을 통해 재배 환경을 맞춰 줄 수 있으니까요. 다만 환경 제어에 필요한 비용이 과하다면 수익성이 떨어지니 가능하면 적정 수준의 환경과 작물을 선택해야 겠죠." 국내 최초로 스마트팜 학과를 개설한 연암대학교의 박준우

누구나 일하고 싶은 농장을 만듭니다

박사는 우리나라 스마트팜 산업이 아직 초기 단계여서 도입 비용이 높은 편이지만, 충분한 데이터 확보와 기술 발전이 뒷받침되면 우리도 얼마든지 스마트팜 강국이 될 수 있을 것이라고 기대한다.

어떤 환경에서 가장 좋은 품질의 작물이 많이 생산되는지를 알아가는 것은 스마트팜 산업에서 가장 중요한 부분이다. 동일한 면적에서도 생산성과 수익성이 크게 달라지기 때문에 정교한 데이터를 축적하고 분석하여 이를 활용할 수 있는 인력이 늘어날수록 경쟁력이 높아진다. 연암대학교에서는 파프리카, 딸기, 엽채류 등 다양한 작물의 스마트팜 운영을 통해 학생들의 실습과 빅데이터 축적에 힘을 쏟고 있다.

딸기도 농부도 행복한 스마트 딸기 농장, 그린케이팜

"온실의 총면적은 3000평 정도 되지만 재배되는 딸기 주수를 감안하면 기존 딸기밭으로는 6000평 정도라고 보면 됩니다. 수확과 포장을 위한 작업자는 여럿 있지만 전체 재배를 관리하는 직원은 한 사람입니다. 전부 스마트팜 시스템으로 자동 제어되고 있으니까요." 평택에 위치한 그린케이팜은 재배 면적이 약 3000평에 달해 단일 딸기 온실로는 국내 최대를 자랑한다. 원래 농업용 온실 건축과 스마트팜 시스템을 생산해 온 그린플러스는 직접 평택에 딸기 재배를 시작했다. 직원 중 딸기를 키워 본 농부는 아무도 없었지만

◆ 단일 딸기 온실로는 국내 최대 규모를 자랑하는 그린케이팜 내부 모습.

그간 축적된 데이터와 기술을 믿고 과감히 도전했다. 초반에는 약
간의 시행착오가 있었지만 현재는 다행히 드넓은 스마트팜 온실 안
에서 딸기들이 잘 자라고 있었다.

"약간의 환경 변화로도 재배량은 50퍼센트까지 차이가 납니다.
조금의 온도 차이로 당도에 큰 변화가 있기도 하고요. 가장 좋은 딸
기를 생산할 수 있을 때까지 지속적인 'Trial & Error' 과정을 반복
해 가며 최적의 환경과 데이터를 맞춰 나가는 작업이 필요합니다.
스마트팜의 성공은 빅데이터의 축적과 활용에 있다고 해도 과언이

누구나 일하고 싶은 농장을 만듭니다

아닙니다." 그린플러스 이성화 부사장은 신선한 딸기가 가득한 농장을 소개하며 무럭무럭 자라는 딸기에 대한 자부심을 내비쳤다. 깔끔하게 관리된 온실 속에서 친환경 재배된 딸기는 생산성도 높고 품질도 좋아 백화점에 납품되는 수준이라고 한다. 실제로 농장에서 갓 딴 딸기를 한 입 베어 물자 입안 가득 달콤한 과즙과 향이 퍼지며 그간 먹어 왔던 딸기의 맛을 압도했다.

스마트팜은 안전하고 쾌적한 장애 청년의 일자리

스마트팜은 높은 생산성뿐 아니라 장애 청년들이 일하기 좋은 환경이라는 장점을 가지고 있다. 전문 관리자가 전체 농장을 관리한다고 해도 모종을 심고 열매를 수확하는 일은 많은 사람의 손길이 필요하다. 높은 생산성은 충분한 수익을 담보할 수 있고 충분한 수익이 확보되면 지속적으로 좋은 일자리를 장애 청년에게 만들어 줄 수 있다. 또한 농업에는 사람의 마음을 치유하는 힘이 있다. 생명을 심고 가꾸고 수확하는 일련의 과정이 사람의 몸과 마음에 기쁨을 주기 때문이다. 중증 장애인이나 정신 질환자를 가둬 두거나 묶어 두지 않고 안전한 곳에서 자연과 사람들과 함께 소통하며 일할 수 있도록 하는 것, 한 사회가 좀 더 성숙하고 발전하기 위해 함께 살아가는 일의 가치를 깨달아야 하지 않을까.

환경 오염으로 인해 안전한 먹거리를 찾기 어렵고 경작할 수 있는 토지는 점점 좁아지는 상황에서 스마트팜은 우리가 환경과 농업을 포기하지 않도록 대안이 되어 준다. 같은 물이라도 소가 마시면 우유가 되고 뱀이 마시면 독이 된다는 속담처럼 아무리 좋은 첨단 과학 기술이라도 그 기술이 사람을 해하는 무기 제작에 활용된다면 얼마나 슬픈 일인가. 첨단 기술이 생명을 가꾸고 돌보는 일을 위해 활용될 수 있다는 사실이 반가울 뿐이다. 도심 속 스마트팜이라면 땡볕도, 미세 먼지도 없는 쾌적하고 안전한 공간에서 장애 청년들이 무럭무럭 자라는 딸기와 토마토를 보살피고, 어린이들은 재잘재잘 딸기를 따며 생명의 소중함을 배울 수 있다. 더 나아가 우리 농업의 미래는 물론이고 우리 사회의 공동체 문화와 복지 향상을 위한 대안이 될 수 있다.

1차 농업과 문화 상품이 멋지게 결합된 보롬왓 농장

제주공항에서 30분, 한라산 기슭을 따라 남쪽으로 달리다 보면 영화에나 나올 것 같은 푸르고 너른 언덕이 펼쳐진다. 보롬왓, 제주 방언으로 '바람 부는 밭'이라는 이름을 가진 메밀 농장이다. 농업에도 공간 디자인이 필요할까? 보롬왓에서 찾은 답은 '그렇다'이다. 10만 평에 이르는 넓은 대지는 작물에 따라 반듯반듯하게 나뉘지고, 계절마다 서로 다른 모습과 색으로 드라마틱한 공간을 만들어 낸다. 초봄에는 하얀 메밀꽃밭과 청보리밭이 절경을 이루고, 여

◆ 제주 한라산 자락에 위치한 보롬왓 농장에서 바라본 오름들의 모습.

름에는 보랏빛 라벤더밭이 지나는 이의 눈길을 사로잡는다. 메밀이
겨우 싹을 내미는, 그래서 텅 비어 보이는 겨울의 보롬왓이지만, 파
란 하늘과 하얀 구름을 배경으로 올망졸망 초원에 놓인 옹기들이
찾는 이의 마음을 녹여 주고 도닥여 준다.

보롬왓 농장의 야트막한 언덕 위에 벽돌과 철로 세운 간결한 디
자인의 카페 보롬왓이 있다. 언덕을 걸어 올라와 마침 차를 한잔하
고 싶어지는 시간, 보롬왓 카페는 이곳을 찾은 사람들에게 선물 같
은 공간이다. 인기 메뉴는 농장에서 수확한 메밀로 만든 간단한 간

◆ 농장 수확물로 만든 간식과 커피를 맛볼 수 있는 아늑한 보롬왓 카페.

식과 향 깊은 시그니처 커피다. 카페 안에는 특별한 인테리어도, 럭셔리한 소품도 없지만 그 단정함이 창밖으로 보이는 풍경의 아름다움을 오롯이 담아낸다. 겨울이 지나면 활짝 열려 야외 카페로 변할 통유리 중문 너머로는 너른 풀밭이 있어 아이들과 새끼 양이 뛰어노는 모습을 볼 수 있다. 아무렇지 않게 여기저기 툭툭 놓인 야외 테이블은 맑은 바람을 느낄 수 있어 햇살 좋은 날이면 인기가 많다.

보롬왓을 운영하는 한울영농조합은 농부들이 모여 만든 조합이다. 아무도 찾지 않던 외진 제주 산간 메밀밭을 6년여 만에 문화와 축제, 체험과 가공 및 판매를 함께 묶어 1년에 수십만 명씩 찾아오는 손꼽히는 관광 자원으로 만들었다. 여전히 너른 밭에서 메밀과 청보리와 라벤더와 버섯을 재배하고 판매하는 농업이 중심이지만

◆ 보롬왓 카페로 올라가는 길가의 너른 밭에 라벤더들이 자라고 있다.

동시에 계절마다 콘서트와 축제가 열리는 문화 공간으로서 보롬왓을 꾸준히 발전시켜 나가고 있다. 1차 산업인 농업과 2차, 3차 산업인 제조업과 문화 관광 산업이 멋지게 융합된 모델이다. 더 의미 있는 것은 이 모든 문화적 진화가 정부나 기관이 아닌 농민들이 모여 스스로 찾아낸 모델이라는 점이다. 메밀조차 채산성이 낮아 재배를 고민하던 척박한 땅에 농민들이 모여 조합을 만들고 힘을 모아 메밀, 라벤더, 버섯, 고로쇠 등 작물을 다양화하여 재배했다.

친환경 농업을 위해 양을 키워 잡초를 없애고, 그 양과 함께 아이들이 뛰노는 언덕에 카페를 만들어 부모들에게 힐링을 선물했다. 메밀꽃이 하얗게 피면 모두가 함께하는 축제와 음악회를 열었고, 메밀꽃이 질 무렵이면 보랏빛으로 피어나는 라벤더와 수국이 장관을 이루도록 공간을 가꿨다. 조합원들의 노력에 힘을 보태고 싶은 이들의 재능 기부를 통해 일궈 낸 멋진 성과다. 보롬왓을 방문한 사람들은 그 풍경과 커피 향을 잊지 못해 SNS에 보롬왓의 풍경과 그들이 느낀 행복감을 업로드하고 공유한다. 보롬왓은 이제 5월이면 제주도에서 꼭 방문해야 할 관광지로 자리 잡았다.

미래 농업의 새로운 모델, 제주스마트파머스

보롬왓이 농업과 문화 산업을 결합한 형태의 미래형 농업이라면 제주스마트파머스는 농업과 IT 산업이 결합된 모델이다. 한라산을 두고 보롬왓 반대편 자락에 자리한 제주스마트파머스는 외형적으로도 보롬왓과 정반대 모습이다. 보롬왓이 자연의 모습을 되도록 그대로 유지한 반면 제주스마트파머스는 스머프 집처럼 생긴 핑크색의 반원형 구조물이 옹기종기 모여 있는 독특한 풍경을 자랑한다. 스마트파머스는 생산성이 낮은 노지 메밀밭을 최첨단 표고버섯 스마트팜으로 재탄생시킨 곳이다. 현재 50평의 표고버섯 스마트팜 7개 동이 운영 중인데 5개 동을 추가 설치할 계획이라고 한다.

　스마트팜은 토경 재배가 아닌 수경 재배로 식물에게 필요한 영양분을 맞춰서 공급해 줄 수 있어 지역과 토질에 큰 영향을 받지 않고, 온실 내 환경 제어를 통해 기상과 기후의 영향을 최소화시켜 연간 안정적인 재배를 가능하게 한다. 농부의 노동력과 감에 의존해

누구나 일하고 싶은 농장을 만듭니다

◆ 제주 서귀포시 안덕면에 위치한 제주스마트파머스 농장의 전경.

왔던 작물 재배를 컴퓨터와 센서를 통해 제어한다는 점이 핵심이
다. 24시간 축적된 환경 정보와 작물 데이터를 수집하여 최적의 환
경을 찾아내고, 온도와 습도를 상시 체크하여 적시에 에어컨과 보
일러를 돌린다. 이산화탄소가 부족하면 이산화탄소를 주입해 주고,
식물의 상태를 측정해 물과 양액을 자동으로 공급한다. 농부는 실
시간 모든 상황을 스마트폰으로 확인하고 제어할 수 있다. 스마트
팜은 농부에게는 휴식과 여유를, 작물에게는 안정적인 환경을 제공
한다. 노지 재배에 비해 생산성은 1.5배 이상 높고, 온실에서 재배

되기 때문에 병충해나 미생물로부터 상대적으로 안전해 친환경 농산물을 재배할 수 있다.

제주스마트파머스는 이러한 스마트 시스템으로 표고버섯을 키운다. 국내 최고의 표고버섯 산지인 전남 장흥에서 표고버섯 배지를 들여와 50평의 돔형 스마트팜에서 재배하는데 한 동에서만 연간 14톤의 표고버섯을 수확할 수 있다. 표고버섯이 가장 잘 자랄 수 있는 습도와 온도가 맞춰진 하우스에는 어른 팔뚝만 한 참나무 배지(나무 톱밥과 표고버섯 균주가 뭉쳐진 일종의 배양 큐브)가 8단으로 가지런히 정렬되어 있었다. 이미 한 번 표고버섯 재배와 수확을 마친 배지는 2차 재배를 위한 휴지기에 있었는데 그 와중에도 성질 급한 꼬마 표고버섯들이 여기저기서 작은 머리를 속속 내밀고 있어 스마트팜이 표고버섯의 생육에 좋은 환경임을 유추할 수 있었다.

트레이 사이를 걸어가며 버섯 몇 개를 따 보니 스마트팜은 표고버섯뿐 아니라 농부에게도 쾌적한 농사 환경을 만들어 준다는 것을 실감할 수 있었다. 표고버섯을 배양하기 위해 기존처럼 참나무에 일일이 구멍을 내어 균주를 심고 그늘에 세워서 기다릴 필요도 없거니와 버섯을 수확할 때도 예전처럼 허리를 굽혀 힘들게 딸 필요가 없었다. 산책하듯 트레이 사이를 다니며 잘 자란 버섯들을 따 주고, 배지 위치를 돌려 주고 물을 주면 나머지 환경은 컴퓨터로 제어된다. 더 이상 농민들이 비가 올까, 날이 더울까 노심초사하지 않아도 되는 환경이 너무 좋았다. 표고버섯 배지를 배치하고 적절한 환경을 맞춰 주면 버섯들은 매일 밤낮으로 무럭무럭 자란다. 빠른 녀

◆ 수확을 마친 휴지기 배지에서도 성격 급한 꼬마 버섯들이 무럭무럭 자라고 있다.

석들은 일주일, 늦어도 열흘이면 다 자란 버섯을 수확할 수 있는데 첫 배치에서 열흘의 휴지기까지 포함해도 25일 걸리는 셈이다. 스마트팜 재배는 연중 수확이 가능해 1년에 1번, 혹은 2번 수확하는 기존 농사와는 큰 차이가 있다. 농장 견학을 마무리하며 동그라니 예쁘게 자란 표고버섯을 바로 따서 먹어 보니 식감과 향기가 서울에서 만났던 어떤 버섯보다도 월등히 좋았다.

1차 산업인 농업은 생명을 키워 내는 일이다. 모든 산업은 이윤을 추구하지만 농업은 이를 넘어 생명의 가치가 중요한 산업이다. 산업의 기준에서 경쟁력이 없다고 도외시되어 가던 우리 농업이 다양한 IT 기술과 문화의 결합을 통해 다시 우리 삶의 중심으로 나오

고 있다. 덕분에 우리 농업은 산업으로서의 경쟁력을 넘어 도시의
일상에 지친 사람들에게 평화를 주고 장애인에게도 치유와 자립을
위한 기회를 줄 수 있다.

글_ 임지영(푸르메재단 팀장)

미래형 농업의 또 다른 시도, 아쿠아포닉스

'첨단 온실', '농업 테크 AgriTech'와 같이 현대의 농업을 지칭하는 말들은 전통적인 농업의 관점에서 볼 때 매우 어색하고 어울리지 않는 단어들의 조합처럼 보이는 게 사실이다. 인간이 처음으로 밀을 재배하게 된 신석기 시대 이후로 농업은 큰 구조적 변화 없이 비옥한 토양을 가꾸고 씨앗을 뿌려 오랜 시간 정성껏 보살피고 작물을 수확해 1년을 먹고사는 방식이었다. 요즘은 저장 가공 기술이 발전해 그런 일이 없지만 불과 몇 세대 전까지만 해도 가을걷이가 끝나고 보리가 채 익지 않은 이른 봄이면 수확할 작물이 없어서 속절없이 보릿고개를 견뎌야 하고 더위나 추위, 태풍이라도 지나가면 흉년을 받아들여야 하는 자연 의존형 산업이었다.

이처럼 오래도록 우리 사회에 익숙한 농업은 말 그대로 오래전부

◆ 첨단 ICT를 접목한 스마트팜은 기존 농업에 비해 생산성이 높다.

터 이어져, 더 이상 경쟁력이 없는 전통적 비즈니스 모델로 생각하는 사람이 많다. 하지만 전 세계적으로 인구 증가에 따른 식량 부족 문제가 대두되고, 식량이 무기가 될 수 있는 시대가 다가오면서 농업은 다시 인간의 생존을 위한 가장 근본적인 필수 산업으로 주목받고 있다. 기존의 강력한 존재 가치에 더해 첨단 ICT(정보 통신 기술)가 접목되면서 다른 산업에 뒤지지 않는 수익성과 경쟁력을 확보하게 되었다. 또한 한계에 이른 기존 제조업을 대체하는 미래의 가장 중요한 산업으로서 역할을 할 것으로 기대되고 있다. 이에 따라 우리나라에서도 미래형 농업에 대한 대중의 관심이 높아지고 정부 차원의 지원 정책도 많이 늘고 있는 추세다.

산업과 친환경을 모두 만족하는 미래형 농법

씨를 뿌리는 순간부터 농부는 매일매일 병충해와 싸워야 한다. 작물을 해하는 병이나 해충으로부터 작물을 보호하기 위해 농약을 뿌리지 않으면 한 해의 농사를 통째로 날려야 한다. 그러므로 기존 농법에 의존한 농부에게 적정한 농약의 사용은 생존과 직결되는 문제다. 또한 지속된 사용으로 양분을 잃은 토양에서 오는 생산성 저하를 극복하고 작물의 빠른 성장을 위해 화학 비료를 사용하기도 한다. 풍성한 수확을 가져다주는 이러한 행위들이 궁극적으로는 오히려 인간의 건강을 위협하고 토양을 오염시키는 환경적 문제를 야기하고 있음을 깨달은 것은 그다지 오래되지 않았다.

'친환경 농업'의 출발은 바로 이런 문제의식에서 출발했다고 볼 수 있다. 다양한 친환경 선진 농업법 중에서도 농업과 기술이 결합한 가장 대표적인 친환경 순환 농법이 바로 '아쿠아포닉스 \aquaponics'다. 아쿠아포닉스는 물고기가 자란 물을 활용하여 작물을 재배하는 방식이다. 농작물에게 필요한 영양분은 물고기의 배설물이 들어있는 물에서 공급받고, 농작물은 영양분을 흡수함과 동시에 정화의 역할을 수행하며 물을 돌려보냄으로써 물고기들이 살 수 있는 환경

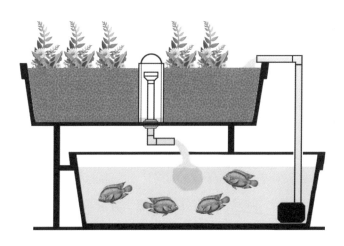

◆ 아쿠아포닉스는 물고기 양식에 사용한 물을 수경 재배에 활용하여 순환과 재생을 구현한다.

을 만들어 준다. 화학 비료를 사용하지 않고도 자연의 선순환을 이용해 환경에 어떤 인위적인 자극도 더하지 않는, 진정한 의미에서의 '친환경' 농업이다.

이처럼 아쿠아포닉스는 지속 가능하고 친환경적인 농업이면서 미래 산업의 중요한 가치인 '순환'과 '재생'이라는 키워드를 지닌 농법이다. 재배된 작물에 유해한 성분이 유입되기 어렵고, 토양을 오염시키지 않으며, 농업에 필요한 자원과 에너지도 최소한으로 사용할 수 있다. 게다가 기본적으로 수경 재배를 기반으로 하기 때문에 작물의 품질이 높고 안정적이며, 단위 면적 대비 높은 생산성을

◆ 경기도농업기술원에서 마련한 재배 모델. 메기의 배설물이 토마토 재배에 필요한 비료가 된다.

확보할 수 있다. 여기에 아쿠아포닉스의 물고기(비단잉어, 장어 등)를 양식하여 추가 수익을 올릴 수도 있다.

이처럼 아쿠아포닉스는 많은 장점을 가졌으나 극복해야 할 문제점들이 남아 있다. 일반 수경 재배 농업보다 초기 설치 비용이 높고, 어종과 작물의 종류에 따른 실증 데이터가 부족하기 때문에 작물의 최적 성장을 위한 환경을 만들기까지 시행착오를 겪을 수도 있다. 또한 작물뿐 아니라 어종 양식에 대한 전문 지식이 요구되므로 기존 농업인은 추가적인 학습이 필요하고, 에너지를 통해 순환을 시켜야 하는 농법이기 때문에 이와 관련된 안전 대책도 수립되어야 한다. 이런 어려움을 해결하기 위해 경기도농업기술원은 한국형 아쿠아포닉스 모델을 개발하고 연구하고 있다. 시범 재배를 통해 다양한 어종과 재배 작물을 매칭하여 최적의 데이터를 뽑아내어 2021년부터 농가에 보급한다는 계획이다. 푸르메소셜팜도 경기도농업기술원과의 협력을 통해 아쿠아포닉스를 포함한 여러 친환경 농법을 적용할 수 있는 방안을 모색 중이다.

순환과 상생의 가치를 실현하다

아쿠아포닉스가 품고 있는 순환과 상생의 가치는 푸르메소셜팜이 꿈꾸는 사회와 많이 닮아 있다. 푸르메소셜팜은 장애 청년들이 단순히 일을 하는 행위를 넘어, 사회 속으로 한 걸음 내딛는 공간으로 만들어질 것이다. 장애 청년들이 시혜적인 대상에서 벗어나 한 사람의 독립적이고 완전한 객체로 인정받는 디딤돌이 되기를 바란다. 물고기와 식물이 서로를 지원하며 각자의 건강한 삶을 꾸려 나가는 아쿠아포닉스처럼, 우리 사회를 구성하고 있는 다양한 구성원이 자신의 위치에서 서로를 배려하고 함께할 수 있는 마음이 필요하다.

　작게는 농장에서 일하기 싫어하는 동료 직원을 보듬어 줄 수 있는 비장애 근로자의 관대함, 장애 청년들이 지역 사회에서 자립할 수 있도록 도움을 주는 든든한 지역 주민들, 농장을 방문한 자녀들에게 장애가 나쁘거나 틀림의 문제가 아니라고 가르쳐 줄 수 있는 현명한 부모도 필요할 것이다. 이렇게 여러 사람의 지지가 모인다면, 발달 장애 청년들도 용기를 내 한 걸음 더 내디뎌 사회 속에서 순환하고 상생하는 구성원으로 자리 잡을 수 있을 것이다.

글_ 김해승(전 푸르메재단 대리)

푸르메소셜팜은
어떻게 시작되었나

"재활 치료도 중요하지만 우리 아이가 커서 어떻게 살아갈지가 부모로서는 더 큰 고민이에요." 푸르메재단 넥슨어린이재활병원에서 만난 한 어머니가 들려준 이야기다. 월 평균 100만~200만 원의 치료비를 감당하면서 아이 손을 잡고 병원을 전전하며 재활 치료를 받아도 성인이 된 후 자녀가 홀로서기를 할 가능성은 극히 적은 것이 현실이다. 절망적이고 참담한 부모의 심정이 그대로 묻어나는 한마디였다.

푸르메재단은 크게 장애인의 재활과 자립을 돕는 사업을 진행하고 있다. 재활 영역의 대표적인 사업은 국내 최초이자 유일의 어린이재활병원 건립이었다. 시민 1만 명과 기업의 나눔으로 지난 2016년 문을 연 푸르메재단 넥슨어린이재활병원은 30만 명이 넘는

◆ 2016년 4월 개원한 푸르메재단 넥슨어린이재활병원은 재활의학과, 정신건강의학과, 소아청소년과, 치과, 모두 4개 진료과를 두고 있다.

장애 어린이를 치료했다. 이 병원은 문재인 대통령의 공약으로 채택되어 정부의 권역별 어린이 재활 병원 건립 정책의 모델이 되기도 했다.

  푸르메재단 넥슨어린이재활병원이 성공적으로 운영되고 많은 어린이가 재활 치료를 받으며 청소년으로, 청년으로 자람에 따라 푸르메재단은 새로운 과제를 생각하게 됐다. 바로 성인 장애인의 일자리와 돌봄 문제다. 재활 치료의 최종 목표가 '자립'인 만큼 장애 청년들이 안전하고 쾌적한 환경에서 자신에게 맞는 일을 할 수 있는 일터가 있어야 한다고 생각했다. 지난 2005년 설립되어 창립 15주년을 맞은 시점에서, 푸르메재단에 주어진 사명과 소임을 완성할 수 있는 과제이기도 했다.

농업에서 장애인 일자리의 희망을 찾다

장애 청년을 위한 좋은 일터란 과연 어떤 곳일까. 우리는 이 질문의 해답을 찾기 위해 미국과 유럽 등 복지 선진국의 다양한 장애인 일터를 탐방했다. 일상의 적절한 배려와 제도적 지원을 통해 장애인이 자기 삶의 주인공으로 당당히 서는 공간들이었다. 국내 스마트팜과 대안적 장애인 일터는 물론, 네덜란드와 일본 등 농업 선진국의 최첨단 스마트팜도 두루 살폈다. 특히 네덜란드의 경우 농업 생산성이 우리나라 노지露地 농업의 10배가 넘을 뿐 아니라, 장애인과 치매 노인이 자연의 치유력을 만끽하고 자신이 원하는 일을 하며 하루를 보내는 케어팜이 무려 1100개나 된다는 점에서 우리를 놀라게 했다. 이렇게 수집한 정보에 발달 장애 바리스타가 일하는 카페인 '행복한 베이커리&카페'와 제과 제빵 사업장인 '파니스', 직업 재활 시설 등을 운영해 온 경험을 더하고, 발달 장애인의 부모와 전문가의 자문을 종합해 새로운 자립 모델을 구상했다. 그 결과가 바로 푸르메소셜팜이다.

푸르메소셜팜은 1차 산업인 농업을 기반으로 2차 가공업과 3차 서비스업까지 결합한 이른바 6차 산업을 통해 발달 장애 청년을 위한 양질의 일자리를 창출하는 것이 목표다. 직업 재활의 일반적 테마인 임가공 작업 대신 1차 산업을 큰 줄기로 선택한 이유는 무엇일까? 푸르메스마트팜 서울농원의 장경언 원장은 "농업이야말로 발달 장애인이 자기 삶의 주인으로 살아갈 수 있는 터전"이라고 말

◆ 행복한 베이커리&카페에서 근무하는 직원들. 행복한 베이커리&카페는 총 7개 지점이 운영되고 있다.

한다. 장애인들이 작물을 키우며 나날이 변화하는 모습을 오랫동안 지켜봐 왔기 때문이다. 그는 농업을 통한 장애인 직업 재활 분야에서 15년 넘게 종사해 온 전문가다. 그런 그는 농업이 다른 어떤 산업 분야보다 장애인 일터로 최적이라고 확신한다.

"비장애인도 도시의 일상에서 벗어나 자연의 품에 안기면 마음이 편해지듯이, 발달 장애 청년들도 농장에서 일하면 정서적으로 안정이 됩니다. 소통 자체가 어렵거나 도전적인 행동, 심지어 자해 행동까지 보이던 사람이 행복한 농사꾼으로 변하는 모습을 자주 봤어요. 기본적으로 스트레스가 훨씬 적은 환경이니까요."

무엇보다 발달 장애인이 생명체를 키우는 과정에서 '돌봄을 받는 객체에서 돌봄을 주는 주체'로 거듭난다는 사실이 중요하다. 부모나 교사로부터 주어지는 학습과 보호에 만족하는 것이 아니라 자기 힘으로 싹을 틔우고 꽃을 피우고 열매를 거두는 즐거운 체험을 통

◆ 푸르메스마트팜 서울농원의 장경언 원장. 장애인 직업 재활 분야 전문가로 15년 이상 일
  한 그는 농업이 장애인의 재활과 자립에 최적이라고 확신한다.

해 자존감이 무럭무럭 자라는 것이다. 자연은 한없이 너그럽다. 모
종을 약간 비뚤게 심어도, 물을 조금 늦게 주어도 '실패'나 '잘못'이
아니다. 장경언 원장은 "처음에는 손에 흙을 묻히는 일조차 꺼리던
장애인도 자기가 물을 준 화분에서 생명이 자라기 시작하면 주위
사람들한테 얼마나 자랑을 하고 다니는지 모른다"며 "자신이 수확
한 작물을 판매하며 소비자와 즐겁게 소통할 때는 더없이 행복해한
다"고 설명했다.

　장애인이 농장에서 일하게 되면 장애의 정도가 크게 나아질 뿐
아니라 신체적으로도 훨씬 건강해진다. 운동을 싫어하는 사람이라
도 농장 일에 서서히 적응하면 자기도 모르게 몸을 많이 움직이며

하루를 보내게 된다. 편식도 줄고 잠도 푹 잔다. 비좁은 공간에서 하루 종일 탁자 앞을 지키며 작업하는 업무 환경에 비할 바가 아니다. 땅을 갈고 씨를 뿌리고 잘 키워서 수확하는 과정에서 비장애인 못지않게 장애인도 할 수 있는 일이 많다.

"농장에서 즐겁게 일하며 업무를 익힌 장애인은 사명감이 대단합니다. 생산성 면에서도 제몫을 톡톡히 하고요. 그런데 현대 사회는 이익이라는 기준으로 사람을 평가하고 미달하면 배제시키지요. 이런 모습이 인류가 꿈꿔 온 세상일까요? 장애인과 비장애인이 너나없이 삶의 주체로 우뚝 서서 행복한 일상을 누리는 일터, 이것이 옳은 방향 아닐까요?"

개개인 특성에 맞는 업무 선택이 가능하려면

농업으로 행복한 농장을 만들고 2차, 3차 산업까지 아우르면 다양한 직무가 생기는 효과가 발생한다. 덕분에 농업이 적성에 맞지 않으면 포장, 운반, 정리 작업을 맡을 수 있다. 농장에서 키운 작물을 활용해서 카페나 레스토랑을 운영하면 음료나 메뉴를 만드는 직무, 고객을 응대하는 직무도 생긴다. 다채로운 직무의 스펙트럼 속에서 직업 선택의 범위가 크게 넓어진다는 뜻이다. 비장애인에게 하나의 업무가 되는 일도 여러 개의 작은 직무로 나누고 충분히 익숙해질 때까지 교육 훈련을 받으면, 그리고 하루 근무 시간을 개인의 특성

◆ 직무를 세세하게 나누고 단순화하면 발달 장애인도 얼마든지 능숙해질 수 있다.

에 맞추어 적절히 조정하면 장애인도 못 할 일은 없다고 믿는다.

그렇다면 스마트팜이 특히 발달 장애 청년의 일자리로 적합한 까닭은 무엇일까? 우선 첨단 기술이 적용된 유리온실로 사철 쾌적하고 안전한 작업 환경을 제공한다. 또한 일정 공간에서 최대한의 생산을 꾀하는 만큼 도심과 가까운 곳, 장애인들이 비교적 편리하게 출퇴근할 수 있는 지역에서 일자리 창출이 가능하다는 점도 있다. 최미영 서울장애인종합복지관 국장은 "스마트팜의 규칙적인 제어 시스템이 주는 고정된 작업 활동은 예측하길 좋아하는 자폐성 장애인과 단계별 단순 작동이 가능한 지적 장애인의 특성에 더욱 적합한 일자리가 될 것"이라며 "무엇보다 기계화된 시스템을 갖춘 스

누구나 일하고 싶은 농장을 만듭니다

마트팜은 장시간 에너지가 집중 투하되는 일에 어려움이 있는 발달 장애인의 부족한 기능을 보완해 스트레스를 낮춰 줄 수 있다"고 말한다.

최근 전 세계적으로 주목받는 스마트팜은 첨단 기술이 통제하는 환경에서 농작물의 생산 기간을 혹서기, 또는 혹한기로 넓히고 고른 품질의 농산품을 키우며 단위당 생산량을 높이는 수단이다. 온도와 습도의 조절, 물과 영양분의 공급을 최적의 상태로 자동 제어한다. 바꾸어 말하면, 발달 장애 청년들의 일터로 스마트팜을 채택할 경우 작물 재배에 있어 실패의 확률을 낮추면서 높은 생산성을 기대할 수 있다는 의미다. 직장이 망하거나 수익을 못 내서 외부에 손을 내밀 필요가 적어진다는 뜻이기도 하다. 혹자는 스마트팜은 최소 인원으로 높은 생산성을 지향하기 때문에 일자리 창출 효과가 미흡하지 않겠느냐고 묻는다. 하지만 이미 국내 각지에서 가동되는 스마트팜 내부를 슬쩍 둘러보기만 해도 그렇지 않다는 사실을 대번에 알 수 있다. 모종을 심고 수확하고 운반하고 분류하는 등의 온갖 작업은 사람의 손으로 이루어진다. 특히 푸르메소셜팜에서 첨단 기술은 발달 장애 청년들이 안정적으로 즐겁게 일할 수 있게 하는 방편으로써 선택적으로 사용된다.

푸르메재단이 안정적 운영을 기준으로 시뮬레이션을 진행한 결과 푸르메소셜팜 1개 단위의 기본 구성은 이렇다. 우선 면적은 4000평 안팎이 적합하다. 여기에 딸기나 토마토를 중심으로 1500~2000평 정도의 유리온실이 들어서고 직원들의 일과 후 활동

◆ 푸르메소셜팜이 지향하는 이상적 모델인 21세기형 자립 마을 리젠 빌리지(ReGen Villages).
(사진 출처: EFFEKT 홈페이지)

을 위한 프로그램실, 카페와 레스토랑, 그리고 방문객과 지역 주민을 위한 체험 교육장 및 파머스 마켓 등 부대시설까지 아우른다. 여기서 발달 장애 청년 직원 및 청소년 교육생 300명 안팎이 자립의 희망을 키울 수 있을 것으로 예상한다. 일단은 직원들이 출퇴근하는 일터를 원칙으로 하되, 중장기적으로는 그룹홈이나 부모와 함께 거주하는 생활 공간의 필요성까지 세심하게 검토해서 농장 인근에 마련할 생각이다.

장애 청년을 위한 희망 일터가 될 푸르메소셜팜 사업은 2019년 3월 푸르메재단이 서울시에서 수탁을 받아 운영을 시작한 푸르메 스마트팜 서울농원(경기도 남양주시 소재)으로 첫발을 내디뎠다. 그

누구나 일하고 싶은 농장을 만듭니다

리고 2020년 10월 착공에 돌입한 푸르메여주팜(경기도 여주시 소재)에서 기업, 지자체, 비영리 단체가 손잡은 국내 최초의 '컨소시엄형 장애인 표준 사업장'을 선보였다.

글_ 정태영(푸르메재단 실장)

누구나 일하고 싶은
지속 가능 농장을 만들다

2019년 6월 푸르메재단이 서울시에서 수탁해 새롭게 문을 연 푸르메스마트팜 서울농원은 경기도 남양주시에 위치한 서울시립 장애인 직업 재활 기관으로 정식 명칭은 '시립장애인영농직업재활시설 푸르메스마트팜 서울농원'이다. 3700여 평의 부지에 KT의 지원으로 온습도 자동 조절과 원격 제어 기능이 결합한 500평과 200평 규모의 스마트팜 2개 동이 가동 중이며 나머지는 텃밭으로 활용되고 있다. 다양한 작물과 꽃을 재배하면서 가공과 판매, 체험과 교육이 가능한 농장으로 장애인과 비장애인이 함께 어울리는 열린 농장을 꿈꾸는 곳이다. 현재 15명의 발달 장애 근로자와 훈련생들이 이곳에서 꽃을 심고 다듬고 물을 주거나 작물을 수확하는 등의 일을 하고 있다.

◆ 2019년 6월 18일, 푸르메스마트팜 서울농원의 개원식 모습.

　서울농원은 종종 '치유 농원'이라는 별명으로 불린다. 다른 상업
적 농업 시설과 조금 다른 목표를 가지고 있기 때문이다. 서울농원
은 상품성 있는 농작물을 대량으로 생산해 이윤을 남기지는 못한
다. 대신 이곳을 방문하는 시민과 일하는 발달 장애인 근로자 모두
에게 치유의 시간을 선사한다.

　서울시에서 수탁을 받은 후 계속되는 적자에 운영이 위태롭기도
했지만 새로운 직원들이 들어와 오랜 기간 방치됐던 농장을 정리
해 다양한 농작물을 재배하고 방문객을 위한 체험 프로그램을 정비

◆ 서울농원의 주력 상품 중 하나는 직접 재배하고 가공한 꽃차다.

◆ 서울농원의 야심찬 신메뉴 고구마빵과 꽃차청 에이드.

하면서 농장이 새롭게 탈바꿈했다. 과거에는 주로 각종 허브를 키웠지만 재배 및 판로 확보가 어려워 블루베리와 식용 꽃 등 가공 및 판매가 원활한 품목으로 교체했다.

700평의 스마트팜에서는 블루베리와 식용 꽃인 비올라, 메리골드를 재배하고, 3000평 규모의 노지에서는 고구마 등 텃밭 작물을 키우고 있는데 식용 꽃으로 만든 꽃차가 주력 상품이다. 블루베리·옥수수 수확 체험, 딸기잼 만들기, 고구마빵·감자빵 만들기 등 다양한 체험 프로그램은 어린 자녀를 둔 가족 방문객에게 특히 인기를 얻고 있다. 최근 세계적으로 장애인 복지와 농업을 결합시키는 흐름과 맞물려 국내 장애인 직업 재활 전문가들의 방문 요청도 끊이지 않는다.

반려 식물과 반려 동물이 함께하는 농장

서울농원에서 일하고 배우는 15명의 발달 장애인들은 대부분 중증 장애인이다. 이곳을 이끌어 가는 장경언 원장은 "우리 산업에서 큰 비중을 차지하고 있는 제조업은 중증 발달 장애인들이 일하기에 좋은 환경이 아니라고 생각한다"고 말한다. 제조업의 경우 잦은 실수가 제품의 불량으로 이어지고 이는 기업의 손실로 연결되기 때문이다. 반면 농업은 약간의 실수와 느림도 너그럽게 품어 주기 때문에 발달 장애인에게 마침맞은 일이다. 꽃을 잘못 따거나 물을 몇 시간

늦게 주는 실수도 실패나 손해로 직결되지 않는다.

서울농원에서 일하는 발달 장애인들에게 꽃과 작물은 '반려 식물'과 같다. 일하는 능력과 사회성을 배우는 동시에 식물을 키우면서 심리적인 안정과 유대감, 성취감을 느낄 수 있다. 꽃을 심고 물을 주고 풀을 뽑고 열매를 거두는 등 15명의 근로자 모두가 각자 다른 일을 맡아 자신의 능력과 속도에 맞춰 일할 수 있는 환경이다. 그래서 보호 작업장으로서의 역할까지 충실히 해내고 있다.

푸르메스마트팜 서울농원은 단순한 일터가 아닌 케어팜 역할을 겸한다. 청계, 개, 꿀벌 등을 기르는 것은 물론 스포츠 활동도 진행한다. 근로자들의 정서 안정과 스트레스 관리를 위해서다. 점심시간 후에는 꼭 1시간씩 체육 활동을 하는데 지금은 골프채처럼 생긴 기다란 스틱으로 작은 공을 굴려 번호가 적힌 홀에 넣는 '그라운드 골프'를 하고 있다. 골프처럼 총 9홀을 도는 것으로 진행되는 이 운동은 장애인 직원들의 신체 기능을 향상하고 집중력도 키워 줘 재활에도 안성맞춤이다.

장경언 원장은 영농 직업 재활 분야에서 일하며 변화하는 발달 장애인의 모습을 수차례 목격했다. "행동이 거칠고 매일 문제를 일으키는 발달 장애인 근로자가 있었어요. 다른 직원과 근로자들이 '함께 일하기 어려울 것 같다'고 말할 정도였지요. 이 문제를 어떻게 해야 할까 고심하다가 그와 얘기를 나눠 봤는데 '인생의 마지막 기회를 놓치고 싶지 않다'는 말을 듣고 한 번 더 기회를 줘야겠다는 생각이 들었어요. 그를 믿음으로 대하면서 함께 일했고, 결국 그 근

◆ 서울농원 직원들은 점심을 먹고 난 후 1시간씩 그라운드 골프를 즐기는데 쉽고 간단하면서도 제법 집중력을 요구하는 운동이다.

로자는 놀랄 만큼 달라진 모습을 보여 줬어요. 나중에는 무대 위에서 MC로 서겠다는 꿈까지 이루며 동료들의 인정을 받았습니다."

첨단 기술로 제어되는 서울농원의 온실에서는 블루베리와 식용 꽃이 자란다. 블루베리는 열매를 맺는 5월부터 장애인 직원들이 직접 열매를 수확해 판매하고 있다. 가지치기를 제대로 하고 생산일을 잘 맞추기 때문에 크고 맛 좋은 블루베리가 생산된다고 한다. 다른 쪽에 있는 어두컴컴한 하우스 한 동에서는 표고버섯을 재배한다. 갓이 희고 갈라져 있는 '백화고'는 표고버섯 중에서도 최상급으

◆ 푸르메스마트팜 서울농원의 또 다른 주력 상품인 표고버섯을 돌보고 있는 장애인 직원의 모습.

로 분류되는 품종이다. 버섯은 생명력이 강해 잘 키우면 수십 번 수확할 수 있다. 장애인 직원들은 하루에 3번씩 물을 주며 정성껏 버섯을 기르고 있다.

체험 프로그램으로 수익 구조를 다변화하다

서울농원에는 4명의 직원이 발달 장애인 근로자들과 함께 일한다. 처음에는 수익을 낼 만한 사업이 없어 운영에 어려움을 겪었지만, 사회 복지사와 장애인 재활 복지 전문가로 구성된 직원들이 다양한 프로그램을 개발하면서 운영에 활기를 띠고 있다. 15년 전만 해도 장애인 영농 직업 재활 시설을 운영하는 곳은 많지 않았다. 서울시만 해도 본격적으로 장애인 영농 사업에 관심을 가지고 지원하기 시작한 것은 2016년이었다. 이전까지는 농지를 확보하기 어렵고 짧은 기간 내에 사업 성과를 확인하기 어려운 업종이라는 이유로 본격적인 사업 진행이 어려웠다. 그럼에도 장경언 원장과 직원들은 서울농원처럼 농업과 직업 재활을 접목한 시스템이 분명 미래에 더욱 활성화할 것이라고 확신한다. 농촌진흥청도 치유 농업에 점차 주목하고 있는데 유럽 등지에서 장애인과 함께하는 치유 농업을 성공적으로 운영한 사례가 있기 때문이다.

발달 장애인의 일터를 창출하고 시민에게도 볼거리와 즐길거리를 제공하는 서울농원 역시 궁극적으로는 케어팜, 즉 '돌봄 농장'을 목표로 하고 있다. 하지만 국가와 지자체의 제도적 허점 탓에 갈 길이 멀기만 하다. "근로자들과 더욱 다양한 경험을 하고자 남양주시에서 진행하는 발달 장애인 수업을 신청했습니다. 그런데 서울농원은 서울시에 속해 있는 기관이라며 거절하더군요. 그런데 서울시에서는 남양주에 위치한 시설이니 지원이 어렵다는 것입니다. 이도 저도 못하는 상황인 거죠."

스마트팜으로서의 정체성을 유지하기도 쉽지 않다. ICT를 이용해 농업 생산성을 비약적으로 높이고 근로자들의 편의를 돕는 스마트팜 시스템은 대규모 농장이 아닌 서울농원에 적극적으로 적용하기가 어렵다. 이러한 상황 속에 농원을 안정적으로 운영하기 위해

◆ 가족 단위 이용객들을 위한 여러 체험 프로그램을 마련하여 수익 구조의 다각화에 노력
하고 있다.

장경언 원장과 직원들이 생각해 낸 방안은 바로 방문객을 대상으로
하는 체험 프로그램이다. 농산물의 경우 아직 생산 규모가 작아 안
정적인 판로를 구축하기 어렵기 때문에 다양한 체험 프로그램을 개
발해 방문객 수를 늘리고, 이들이 체험 후 자연스럽게 농산물과 가
공품을 구매하도록 유도하는 방안을 생각했다. 장애인 직원들이 비
장애인과 어울릴 기회가 되는가 하면, 자신들이 생산한 농산물을
필요로 하는 사람이 있다는 것을 느끼게 할 수 있어서 더욱 좋은 방
법이다. 현재는 전화로만 체험 신청을 받고 있지만 곧 네이버스토

어와 연동한 온라인 스토어에서 예약을 받을 수 있도록 준비 중이다. 온라인 스토어가 열리면 농원에서 만든 상품도 이곳을 통해 판매할 예정이다.

기술과 자연이 함께하는 농장

서울농원은 발달 장애인의 직업 재활 시설로서 '함께하는 농장'을 목표로 하고 있다. 그러므로 스마트팜 기술과 자연에서 인간이 할 수 있는 일을 적절히 조합해 나아가야 한다. 스마트팜 기술이 농업에 들어가는 노동력을 최소화하고자 만들어진 기술인만큼 그 속에서 사람의 손길이 필요한 일을 찾아 발달 장애인을 위한 직무와 일자리를 창출해 내는 노력이 필요할 것이다. 이러한 고민은 푸르메소셜팜을 비롯해 수많은 스마트팜과 케어팜의 목표와 직결된다. 모두가 한마음으로 노력할 때 스마트팜 기술과 발달 장애인 근로자들의 일손이 함께 어우러지는 '풍요로운 치유 농장'이 전국으로 퍼져나갈 수 있다.

글_ 지화정(푸르메재단 간사)

푸르메소셜팜으로
진화하는 여주농원

스마트팜은 우리나라에서 익숙한 개념이 아니다. 그나마 최근 들어 언론에서 농업의 미래로 언급되면서 조금씩 알려졌을 뿐, 농사를 짓는 사람들에게도 아직은 낯선 분야다. 익숙하고 잘 아는 분야에서 시작해도 안정적인 운영이 가능할지 걱정되는 장애인 표준 사업장에 왜 하필 스마트팜을 도입했을까?

사실 푸르메소셜팜은 농업에서 시작된 기획이 아니었다. 최초의 비전은 발달 장애인이 비장애인과 어울려 재활과 자립을 꿈꾸며 일하고 일상을 누릴 수 있는 공동체 마을 건립이었다. 가칭 '푸르메마을'로 처음 기획된 이 프로젝트에는 장애인의 일자리를 위한 중소기업의 하청 공장, 카페, 베이커리, 도서관, 미술관, 수제 맥주 브루어리Brewery, 플리 마켓Flea Market 등이 들어 있었다. 공간 자체에 대

◆ 장애인과 비장애인이 함께 어우러질 공간으로 기대하는 푸르메소셜팜 상상도.

한 비전은 있었지만 구체적인 운영 계획이나 지속 가능한 수익 확보 방안이 부족했다. 마을 공동체로 기획하다 보니 필요한 부지도 매우 넓었고 건립 예산도 100억 원이 넘게 산정됐다. 건립비 모금을 위해 만난 기업 담당자들도 막대한 예산 규모와 막연한 운영 계획을 듣고 "취지는 좋지만……"이라고 말끝을 흐리며 난색을 표했다. 건립비 마련을 위해서는 좀 더 직관적으로 이해할 수 있는 구체적인 사업 모델을 제시할 필요가 있었다.

발달 장애인에게 좋은 일자리는 어디에?

많은 조사와 견학 끝에 찾은 가장 안정적인 성공 조건은 푸르메 마을에 대기업들의 '자회사형 표준 사업장'을 유치하는 것이었다. 대기업들은 장애인 의무 고용 비율을 맞추지 못해 지속적으로 막대한 장애인 고용 부담금을 내고 있었기 때문에 그 비용을 자회사형 표준 사업장을 만드는 데 투자하도록 설득하는 일은 어렵지 않았다. 사업적 측면에서 안정적이고 지속 가능성도 높았다. 하지만 굳이 푸르메재단이 이들을 한곳에 모을 필요는 없었다. 장애인고용공단에서 적극적으로 대기업들과 논의하고 있었고, 자회사형 표준 사업장의 대부분은 공장이나 본사에 붙어서 서비스를 제공하는 형태로 만드는 것이 기업 입장에서도 효율적이었기 때문이다.

우리는 또 하나의 장애인 직업 재활 시설이 아닌 장애인들이 더 행복할 수 있는 일자리를 만들기를 바랐다. 작은 일이라도 보람을 느끼고 자부심을 가질 수 있는 회사를 만들고 싶었다. 그러려면 기부를 받아 건립하기는 하지만 이후 독립적으로 운영될 수 있는 건강한 모델이어야 했다. 발달 장애인이 할 수 있는 쉬운 직무이면서 일하기 좋은 환경, 일을 통해 조금이라도 치유되고 성장할 수 있는 그런 모델은 없을까? 기존에 운영되고 있는 장애인 일자리들을 무수히 찾아다니며 견학하고 조사한 결과 우리가 찾아낸 해답은 '농업'이었다.

평생 누군가에게 보살핌을 받으며 의존해 온, 그래서 작은 칭찬

◆ 발달 장애인의 정서 치유와 자립을 모두 만족할 수 있는 일자리를 어떻게 마련할 수 있을까?

에도 큰 동기 부여가 되는 발달 장애 청년에게 다른 대상을 보살피며 또렷한 성과를 확인할 수 있는 농업은 좋은 직무였다. 대부분의 장애인 직업 재활 시설에서는 발달 장애인에게 반복적인 단순 업무를 준다. 이러한 업무는 발달 장애인이 익숙하게 잘할 수 있는 일이지만 스스로 보람을 얻기가 쉽지 않다. 그래서 그들에 성취감과 자신감을 줄 수 있는 업무를 주고 싶었다. 특히 과체중 사례가 많은 발달 장애 청년들에게 적절히 몸을 움직이며 매일 새로운 작물을 보살피는 농업은 여러 부분에서 장점이 많았다. 실제로 세계 2위의 농업 선진국 네덜란드에서는 케어팜이라는 모델로 농업의 치유 효과를 극대화하는 길을 찾으며 농업의 새로운 미래를 준비해 나가고 있다. 우리는 유럽 특히, 네덜란드에서 성공적으로 운영되고 있는 케어팜 모델을 좀 더 분석해 우리 환경에 적용 가능한지 꼼꼼하게 살펴봤다.

그러나 네덜란드 케어팜의 모습은 이상적이었지만 건강 보험에서 하루 일당을 지원받는 케어팜 모델을 우리나라에 도입할 수는 없었다. 이들을 돌보는 비용을 지원받지 못할 뿐 아니라 오히려 이들 직원에게 최저 임금 이상의 돈을 지급해야 하기 때문에 단순한 케어팜으로는 우리가 꿈꾸는 사업 모델이 나올 수 없었다. 네덜란드의 케어팜에서 확인한 농업의 치유 효과와 행복한 일터를 디자인하면서도 자체적으로 지속 가능한 모델은 무엇일까, 비장애인이 하기도 어려운 농업을 발달 장애인과 함께할 수 있을까……. 고민이 깊어졌다.

첨단 미래 농업과 선진형 장애인 일자리의 결합

우리는 생산성은 최대한 높이고 직무는 최대한 단순화할 수 있는 모델로 스마트팜을 검토했다. 원래 스마트팜은 농업의 경쟁력을 높이고 인건비를 최소화하고자 연구된 분야다. 재배 환경을 컴퓨터로 제어할 수 있는 온실을 짓고, 내부의 모든 환경을 자동으로 제어함으로써 품질과 생산량을 극대화하는 모델이다. 사람이 일일이 관여하지 않아도 축적된 데이터와 자동화된 프로그램에 의해 양액을 보내고 온습도를 조절하며 기후에 따라 온실의 개폐 등을 자동화하는 시스템으로 재배 작물에 최적화된 환경을 만들어 주어 품질과 생산성이 일정하게 유지될 수 있다. 농업에 특별한 노하우가 없어도 기존의 데이터에 의해 적정 수준의 생산성을 담보할 수 있다는 장점이 있다.

원래는 인건비를 줄이고 이익을 극대화하기 위한 모델이지만 우리는 이를 새로운 시각에서 바라봤다. 최대한의 이익을 확보해 이를 장애 직원의 인건비로 사용할 수 있겠다고 생각한 것이다. 생산성이 높으면 수익이 많아질 것이고, 기술에 의해 제어되는 안전하고 쾌적한 업무 환경도 장점이다. 농작물을 심거나 열매를 따는 직무들은 다른 농장에서도 외국인 노동자를 많이 쓸 만큼 단순하고 사람의 손이 필요한 직무이기 때문에 조금만 훈련하면 발달 장애인도 충분히 할 수 있는 좋은 직무였다.

첨단 농업과 발달 장애인의 자립을 결합한 모델은 당연히 세상에 없었다. 언뜻 생각하기에 우리나라에서 농업은 사양 산업이고, 장애인 직업 재활 시설이 아니더라도 항상 적자에 시달리는 경우가 많기 때문에 "그게 되겠어?"라고 반문하는 사람이 많았다. 하지만 동시에 국내에서 처음 시도하는 첨단 미래 농업과 선진형 장애인 일자리의 결합이라는 점에서 호감과 지지를 보내는 사람도 점차 늘었다.

푸르메 마을에서 시작한 고민은 최종적으로 농업, 그중에서도 스마트팜이라는 첨단 기술로 관리되는 미래형 농업으로 발전했다. 스

◆ 첨단 기술의 도움을 받으면 발달 장애인들도 얼마든지 농사일을 할 수 있다. 하지만 그런 환경을 조성하기 위해서는 넘어야 할 산이 많다.

마트팜은 기존의 빅데이터와 IT를 접목해 환경을 제어하므로 일정한 품질과 안정적인 생산을 기대할 수 있다. 연중 재배도 가능하고, 주위 환경에 상대적으로 덜 구애받는다는 장점이 있었다. 단점은 당연히 막대한 초기 투자비였다. 스마트팜 건립 비용은 일반 비닐하우스에 비해 5~10배 비싸다. 많은 장점과 정부의 적극적인 지원에도 국내 농부들이 스마트팜에 적극적으로 뛰어들기 어려운 이유가 바로 이것이다. 하지만 우리에게는 다른 선택권이 없었다. 안전한 근무 환경과 안정적인 생산, 2가지를 모두 확보해야 하는데 스마트팜은 가장 적절한 모델이었다. 이때부터 우리는 적절한 토지와 초기 투자비를 확보하고자 고군분투하기 시작했다.

꿈을 꽃피우고 뿌리내릴 토지가 필요하다

거대해진 꿈과 달리 우리에게는 돈도, 땅도 없었다. 둘 다 중요하지만 당장 우선순위를 정하라면 땅이었다. 일단 '어디서' 할 것인지라도 확정하는 것이 무엇보다 중요했다. 게다가 다른 일도 아니고 '농사'가 아닌가. 땅 없이는 아무것도 할 수 없다. 우선 땅이 정해지면 부지의 조건과 지역 사회의 특성을 반영하여 사업의 세부 사항을 진행해 나갈 수 있으리라고 생각했다. 그렇다고 아무 땅이어서도 안 된다. 텃밭 농사가 아닌 스마트팜을 지으려면 일정 규모 이상의 반듯한 땅이어야 한다. 적어도 1000평 이상은 되어야 스마트팜의 장점을 살릴 수 있다고 판단했다. 또 장애 청년이 출퇴근하면서 일할 수 있어야 하기 때문에 적어도 대중교통으로 접근할 수 있는 곳을 우선적으로 검토했고, 발달 장애인의 절대다수가 수도권에 거주하는 만큼 서울이나 서울 인근에서 적당한 땅을 찾고자 했다.

가장 좋은 것은 서울 시내의 유휴 부지다. 건물을 지을 것도 아니고 농사만 지을 수 있으면 되기에 농지이거나 그린벨트여도 일단 부딪혀 보기로 했다. 지자체가 부지를 제공하면 푸르메재단이 기금을 모아 농장을 짓고 지자체에 기부 채납하는 제안이라면 특혜 시비도 없을 것이라 생각했다. 접근 가능한 공공 정보들을 모아 시유지, 공유지 중 적합한 부지가 있는지 살펴봤다. 혹여 장기 임대가 가능한 토지라도 있을까 '한국자산관리공사(캠코)' 등 유휴 국공유지 현황도 자주 살펴봤다. 결론적으로 서울 시내에 위치한 일정 규모 이상의 부지는 뭔가 계획들이 있었다. 괜히 금싸라기 땅이라고 하는 게 아니었다.

스마트팜을 시민이 함께 체험하는 6차 산업으로 기획하고 있었기 때문에 공원 부지에 지으면 어떨까 하고 서울 월드컵공원, 하늘공원, 노을공원 일대를 계절마다 돌아봤다. 10만 평이 넘는 넓은 부지에 끝도 없는 억새만 있는 것보다는 아담한 2000평짜리 유리온실이 있어 사시사철 시민이 들어와 딸기 체험도 하고 차도 마시면 더 좋지 않을까 생각했다. 주변에 유치원과 학교도 많은데 멀리 가지 않고도 미래 농업을 체험할 수 있는 새로운 공원을 꾸며 보자고 서울시와 마포구에 제안해 현장 답사도 했지만 결론은 '불가'였다. 시민이 이용하는 공원에 특정 법인이 큰 시설을 짓는 것이 부담스럽고, 공원심의위원회의 동의를 얻기도 어렵다는 이유에서였다. 스마트팜을 지을 생각에 푹 빠진 우리 입장에서는 노는 땅이지만 그곳을 이용하는 수많은 시민에게는 지금처럼 여유롭고 넉넉한 억새밭이 더 좋을 수도 있는 것이다. 현재 큰 문제가 없다면, 굳이 새로운 변화로 인한 위험 요소(시민 불만, 민원, 분쟁 등)를 만들지 않는 것이 그들의 입장에서는 최선이기도 했다.

게다가 서울 시내의 땅들은 공시 지가가 너무 비쌌기 때문에 투자 대비 효과라는 정량적 평가로 농장의 가성비를 따져 본다면 누구에게도 가능한 일이 아니었다. 일례로 우리가 눈여겨본 서울 상암동의 네모반듯한 3000평 부지에는 수천억 원짜리 비즈니스 건물이 들어설 예정이라고 했다. 이런 땅에 20억 원짜리 스마트팜을 짓게 해 달라는 제안이 가당키나 했겠는가. 서울시와 가까운 고양시, 과천시, 성남시, 구리시, 남양주시 등을 열심히 뒤지고 적당한 땅들을 찾아 제안서를 만들고 해당 자치 단체에 제안도 했지만 2000평 넘는 부지는 찾기 어려웠다. 땅이 좋으면 다른 계획이 있었고, 제안 가능한 땅들은 실제 가 보면 길도 없는 임야거나 북향이어서 농사 짓기 어려운 땅이었다. 너무 외져서 대중교통으로 갈 수 없는 곳도 후보에서 제외해야 했다.

이 시기에 가장 많이 들어갔던 웹사이트가 한국토지주택공사에서 운영하는 부동산 정보 포털 사이트인 '온나라 부동산 포털 사이트'였다. 지금은 '씨:리얼'이라는 이름으로 바뀌었는데 이곳의 종합 토지 정보 지도를 살펴보면 국내 모든 토지 지번의 상세 정보를 알 수 있다. 소유자가 개인인지 국가인지, 지목이 임야인지 대지인지, 최근 공시 지가는 얼마인지 등 다양한 종합 정보가 뜬다. 땅들마다 이런저런 제한이 걸려 있는 경우가 많아 씨리얼을 통해 지목, 토지 이용 계획, 행위 제한을 미리 확인하는 과정이 필요하다.

푸르메스마트팜 서울농원의 비하인드 스토리

토지 찾기에 몰두해 있던 2019년 여름, 남양주에 발달 장애인이 일한다는 서울시립 영농장애인직업재활시설 농장에 대한 기사를 봤다. 남양주 진접읍에 있는 반듯한 3000여 평의 농지에서 장애인들이 즐겁게 일하고 있다는 내용을 보면서 우리에게도 이런 땅이 있었으면 하고 무척 부러워했다. 도시에서도 멀지 않고 부지도 적당한 3000여 평이었기 때문에 언제 한번 견학을 가 보겠다고 결심하던 차에 연락을 받았다. 당시 서울시로부터 이 시설을 수탁받아 운영하던 재단에서 우리가 스마트팜을 건립하려고 한다는 소식을 듣고는 이 농장을 수탁 운영할 생각이 없는지 제안해 온 것이다. 물론 서울시로부터 수탁을 받아야 하므로 몇 달간 복잡한 준비 과정을 거쳐야 했다. 우리는 좋은 부지의 농장터를 구할 수 있다는 기대감으로 열심히 프레젠테이션을 준비하여 다른 2곳의 법인을 물리치고 당당히 서울시로부터 3년간 수탁을 받게 되었다. 드디어 우리에게도 좋은 땅이 생긴 것이다.

그러나 그 기쁨은 한 달도 채 가지 못했다. 갑자기 발표된 국토교통부의 3기 신도시 부지에 이 농장이 포함되었기 때문이다. 원래도 그린벨트는 이런저런 제약이 많은 땅이지만 신도시 부지에 포함된 순간 아무것도 새로 지을 수 없게 됐다. 하다못해 비가 오면 질척거리는 길에 자갈을 까는 일도 허락되지 않았다. 그러니 스마트팜을 짓는 일이 가능할 리 없고, 언젠가 이주를 명령받을 때까지 시한부로 원래 있던 비닐하우스를 활용해서 최선을 다하는 수밖에 없었다. 이런 상황에도 장경언 원장과 직원들은 사시사철 꽃을 키워 꽃차를 만들고, 블루베리를 키워 체험 프로그램을 운영하며 농장에 활기를 불어넣었다.

◆ 푸르메스마트팜 서울농원에서 재배하는 갖가지 꽃들. 하지만 새 시설을 마련하지 못해 기존에 있던 비닐하우스를 활용할 수밖에 없었다.

모래성처럼 흩어져 버린 강동구청과의 협력

그즈음 제안서를 넣었던 강동구청과의 논의가 활기를 띠기 시작했다. 서울시 강동구에는 국내에서 가장 규모가 크고 역사가 오래된 서울장애인종합복지관이 있고, 그 외에도 다양한 장애인 관련 시설과 프로그램이 잘 운영되는 구로 꼽힌다. 장애에 대한 이해도가 높을 뿐 아니라 꾸준한 텃밭 운영 등 도시 농업에 대한 애정도 깊은 곳이기 때문에 농업과 장애인 복지가 결합된 사회적 농업에 대해 큰 관심을 보였다. 도시 농업의 미래로서 스마트팜은 전례 없이 좋은 모델이기도 하고 장애인뿐 아니라 지역 구민에게도 매력적인 공간이 될 수 있다. 아이들이 딸기 체험을 한번 하려면 보통 차를 타고 1시간 넘게 가야 한다. 하지만 집 앞 길 건너편에 쾌적하고 멋진 스마트팜이 있으면 아이들은 쉽게 체험 학습을 할 수 있다. 게다가 안전하고 싱싱한 과일과 채소를 상대적으로 저렴하게 구매할 수 있는 장점도 생긴다.

구청장의 적극적인 의지가 뒷받침되어 2018년, 장애 청년을 위한 푸르메스마트팜 프로젝트의 공동 주체로 MOU를 체결하고 강동구 내에 있는 공유지를 함께 검토해 나갔다. 기존 텃밭을 비롯한 많은 토지를 검토했지만 너무 작거나 위치가 적절하지 않았다. 어떤 곳은 구에서 활용하고 있지만 소유자가 다른 기관이어서 어려웠다. 구청에서는 현재 개발 중인 고덕강일지구의 큰 공원 일부를 할애하여 스마트팜과 시민의 휴게 공간을 짓는 안을 제안했다. 규모는 수십 평 규모로 작았지만 시민과 함께하는 좋은 모델이 될 수 있을 것 같았다. 공원 설계에 온실과 카페 등 휴식 공간을 반영했지만 구청과 서울시를 오가는 많은 회의 끝에 이 역시 어렵다는 결론이 나왔다. 공원은 공원으로 두는 것이 좋다는 의견이 많았다. 원점으로 돌아가 다시 땅을 찾던 중 한강 둔치에 접해 있는 가래여울 마을에 있는 3000여 평의 텃밭이 후보에 올랐다.

가래여울 마을에 있는 네모반듯한 부지는 그린벨트로 묶인 땅이어서 텃밭으로만 사용하고 있었다. 국토교통부 소유이지만 강동구에서 오래 관리해 온 부지여서 강동구와 함께 사회적 농업을 펼치기에 적합하다고 판단됐다. 다만 개발제한구역이다 보니 가능한 부분과 불가한 부분을 잘 선별해 기획해야 했다. 가능한 온실의 범위는 어디까지인지, 비닐하우스는 되고 필름 온실은 안 되는 것인지, 온실 바닥에 부직포는 깔 수 있지만 블록은 깔면 안 되는 것인지, 아니 애초 원칙적으로 온실 건립이 가능한 것인지에 대한 유권 해석도 사람마다 달랐다. 법령마다 시행령과 시행 세칙 어딘가에 예외 조항이 숨어 있었고 애매한 부분도 많았다. 관련된 법이 너무 많아서 뭔가 해 보려고 하면 새로운 조항이 튀어나왔다. 그럴 때마다 해당 법률과 관련 있는 관련 부처에 직접 전화하고(모든 법령에는 오른쪽 상단에 관련 부서 연락처가 있다), 거기서도 모르면 법제처에 전화해 문의하는 일을 계속했다.

강동구청 담당자와 함께 정말 하나하나 확인하며 일을 진행한 지 1년여, 강동구청에서는 타당성 용역을 진행했고 푸르메재단에서는 설계 스케치를 진행했다. 멋진 한강변 스마트팜과 부대 시설 조감도가 나왔을 때 생각하지도 못한 문제에 부딪혔다. 그 땅의 주인이 국토교통부가 아니었던 것이다. 부지 일부가 기획재정부로 넘어가면서 관리 주체도 강동구가 아닌, 캠코였다는 사실이 밝혀졌다. 심지어 우리와 스마트팜 논의를 시작하기 훨씬 전에 진행된 일이라 어디에 하소연할 수도 없었다. 푸르메재단과 강동구는 권리도 없는 남의 땅에 모래성을 짓고 있었던 셈이다. 숱한 법령, 중앙 부처와 씨름한 1년 6개월의 노력은 그렇게 흔적도 없이 사라졌다.

기적처럼 만나게 된 땅, 여주 오학동

강동구 가래여울과 남양주 농장을 두고 이런저런 논의를 시작할 즈음 재단으로 한 통의 전화가 걸려 왔다. 발달 장애 아들을 둔 한 어머니가 푸르메재단이 사회적 농업을 추진한다는 소식을 듣고 필요하다면 농장 부지를 기부할 의향이 있다고 밝혀 온 것이다. 자신도 비슷한 꿈을 가지고 경기도 여주시에서 10년 넘게 농장을 운영해 봤지만 개인의 힘으로는 쉽지 않더라는 아쉬움을 토로했다. 전화를 건 사람은 경기도 여주시에서 친환경 표고버섯 농장 우영농원을 운영해 온 이상훈 와이즈산전 대표와 장춘순 여사 부부였다. 시아버지가 발달 장애가 있는 손자를 위해 한 평 한 평 모아 물려준 그 땅을 더 많은 장애 청년에게 도움이 되는 방향으로 쓰고 싶다는 소망이 가슴을 뭉클하게 했다. 이들은 2019년 11월, 푸르메재단 사무국을 찾아와 우영농원과 그 일대 부지 1만 1800제곱미터, 약 3600평을 기부했다.

"우리가 세상을 뜨면 혼자 살아가야 하는 아들이 농장을 통해 자립의 길을 찾을 수 있을까 하는 바람으로 열심히 일궜지만 우리의 힘만으로는 버거웠습니다. 믿을 수 있는 공익 재단에 사업을 맡겨 더 큰 사회적 자산으로 발전시키는 게 좋겠다고 생각했어요. 이 프로젝트를 통해 내 아들뿐 아니라 우리 사회에 고립된 발달 장애 청년들에게 더 많은 기회가 주어지길 바랍니다."

여주시는 서울에서 1시간 30분 이상 걸리는 거리에 있고, 장애

◆ 경기도 여주시에 위치한 토지 3600여 평을 기부한 이상훈(맨 오른쪽) 대표와 장춘순(사진 가운데) 여사.

인이 서울보다 많지 않은 도시여서 걱정스러운 마음을 안고 현장을 방문했다. 그러나 우리 걱정과 달리 그곳은 여주 도심에서 5분 거리인 남향의 좋은 땅이었다. 바로 옆에 마을과 초등학교가 있을 만큼 도심과 가깝지만, 야트막한 야산이 땅을 오목하게 감싼 독립된 부지여서 주민의 항의도 적을 것 같았다. 바로 앞에 2차선 도로가 접해 길을 따로 내야 하는 걱정도 없었다. 우리가 생각하는 이상적인 푸르메소셜팜의 조건을 샘플로 보여 주는 것 같았다. 반듯한 남향 땅, 도심과 가깝지만 어느 정도 독립적인 공간 말이다. 만약 이 부지에 푸르메소셜팜을 함께 추진해 줄 기업만 있다면 시도해 봐도 좋겠다는 생각이 들었다. 통계를 확인한 결과, 여주시와 인근 이천

◆ 철거하기 전의 우영농원 모습. 푸르메소셜팜은 이곳에서 새로운 꿈을 꿀 수 있게 되었다.

시 등에 장애 청년은 많았다. 장애인이 상대적으로 서울에 비해 적지만 이들의 일자리도 서울 인근에 많이 몰려 있어 새로운 일자리와 직업 재활 시설이 간절했다.

　본격적으로 부지에 대한 분석과 주변 환경, 여주시에 대한 리서치와 지원 기업 물색에 들어갔다. 여주는 전통적으로 농업이 기반인 지역이라 제안할 만한 대기업은 많지 않았다. 코카콜라, KCC 등 일부 기업의 생산 시설이 있었지만 본사가 아니다 보니 사회 공헌 예산을 많이 집행하기는 어려울 듯싶었다.

씨앗을 심을 용기를 준 SK하이닉스

여주와 맞닿은 인근 도시 이천시까지 시야를 넓혀 보니 SK하이닉스가 들어왔다. SK하이닉스는 워낙 다양한 사회 공헌 활동을 하고 있었고, 특히 장애인 고용 부문에서는 국내 대기업 중 최고 수준의 고용률을 유지하고 있었다. 사회 공헌이 활발하고 장애인 고용에도 적극적으로 나선다는 점에서 푸르메소셜팜에 참여해 줄 가능성이 크지만 다른 한편으로는 이미 많은 활동을 하는 만큼 더는 참여할 여력이 없어 거절당할 가능성도 있었다. 스마트팜과 발달 장애의 결합이 너무 낯설어서 부정적이라는 사람도 있고 새로운 제안이라 좋은 것 같다는 사람도 있었듯이 부딪혀 보지 않으면 아무것도 알 수 없었다. 정성껏 제안서를 만들어 SK하이닉스 사회 공헌 팀에 보내고 연락을 기다렸다. 다행히 "제안이 흥미로우니 만나서 이야기하자"는 긍정적인 답변을 받았다.

그렇게 SK하이닉스와 만나고 협의한 지 1여 년 뒤 SK하이닉스는 건립비 40억 원을 지원하며 푸르메소셜팜의 든든한 지원자로 나섰다. SK하이닉스는 건립비뿐 아니라 앞으로 농장에서 재배되는 농작물을 구매하고 임직원 자원봉사를 연계하는 등 농장 운영 전반을 지원하며 아무도 걷지 않은 어려운 길에 든든한 동반자가 되어주었다.

SK하이닉스의 기부가 결정된 뒤 여주에 첫 푸르메소셜팜을 짓는 것으로 큰 방향이 확정되자 구체적인 사업 계획을 진전시킬 수 있었다. 우선 여주시의 상황은 어떤지, 어떤 모델이 적합할지, 어떤 작물을 키우는 것이 좋을지, 협조를 받을 수 있는 기관이나 인프라는 어느 정도인지 등을 조사했다. 그리고 가장 중요한 여주시의 생각은 어떤지도 알아봐야 했다. 사실 어떤 사업도 해당 지자체의 협조 없이는 진행하기 어렵다. 특히나 새로운 사업 모델이거나 민원이 많을 가능성이 높은 모델인 경우라면 더더욱 그렇다.

전통적 농업 도시여서 더 적극적이었던 여주시

"공무원이 마음만 먹으면 일을 가능하게는 못 하더라도 불가능하게는 만들 수 있다"는 농담처럼, 시의 적극적인 도움을 받지는 못하더라도 최소한 반대를 받아서는 안 되었다. 우리는 그 어느 때보다 정성껏 사업 계획과 자료를 만들어 여주시와 회의 약속을 잡고 브리핑을 진행했다. 우선 직접적으로 관련이 있는 장애인 복지 팀과 농업 정책 팀을 만나고 이어 여주시장실과도 논의를 가졌다. 다행히 여주시는 새로운 모델을 긍정적으로 받아들여 적극적으로 사업을 지원하겠다는 의지를 보여 주었다. 여주시에도 적지 않은 발달 장애인이 있지만 다른 시군구에 비해 이들을 위한 직업 재활 시설이나 일자리는 매우 적었다.

전통적으로 농업이 기반인 여주에 농업을 기반으로 한 새로운 발달 장애인 일자리 모델이 생긴다는 것은 상징적인 의미가 있다. 첫 모델이 잘 정착된다면 이를 매뉴얼화하여 다른 농장에도 적용할 수 있고, 농업의 새로운 사업 모델로도 검토할 수 있기 때문이다. 농업에는 여전히 많은 노동력이 필요한데 발달 장애 청년들이 우리 농장에서 숙련되어 적정 수준의 농업 활동이 가능해진다면 최근 코로나19 팬데믹 사태로 구하기 어려운 외국인 노동자 대신 이들을 고용하는 것도 좋은 대안이 될 것이다. 발달 장애인을 고용하면 최저임금을 주어도 장애인고용공단에서 일부 인건비를 지원하니 농가 부담도 줄일 수 있다. 네덜란드의 케어팜처럼 치유 농장 프로그램을 만들어 작물 판매가 아닌 체험비로 농장의 사업 모델을 바꾸는 것도 생각해 볼 만한 일이다. 최근 정부에서 적극적으로 장려하는 6차 산업의 한 모델로 치유 농장을 만드는 것도 농업의 새로운 가능성이 될 수 있다. 마침 2020년 초, 치유 농업 지원에 대한 법률이 통과되어 향후 네덜란드의 케어팜 같은 모델이 우리나라에도 생길 수 있는 기반이 마련됐다.

고맙게도 여주시에서는 시장과 비서실을 포함, 모든 부서에서 푸르메소셜팜을 매우 적극적으로 검토하고 협력해 주었다. 당장 내 부서 일이 아니어도 지원할 방법을 찾으려 애썼고, 혹 다른 부서로 보내야 할 때면 미리 연락해 협조를 당부해 주기도 했다. 보통 지자체에서 인허가 과정을 거치다 보면 반드시 계획한 일정보다 늘어지는 것이 일반적인데 여주시에서는 오히려 기대보다 빨리 진행되었다. 만약 우리에게 적극 행정의 본보기를 꼽으라면 주저 없이 여주시청을 꼽을 것이다. 푸르메재단은 여주시의 적극적인 협력 아래 국내 최초의 컨소시엄형 표준 사업장을 만들기에 이르렀다.

국내 최초의 컨소시엄형 표준 사업장 모델

컨소시엄형 표준 사업장은 장애인고용공단에서 설립과 운영을 지원하는 표준 사업장의 한 모델이다. 표준 사업장은 장애인을 기준 이상 고용하고 있고, 장애인 편의 시설이 확보되어 있으며, 최저 임금 이상을 준수하는 사업장을 대상으로 고용공단이 인증하고 지원하는 제도다. 표준 사업장에서도 기업이 대주주로 설립한 곳은 '자회사형 표준 사업장', 자치 단체 등 공공 기관이 주주로 참여한 표준 사업장은 '컨소시엄형 표준 사업장'이다. 장애인의 일자리 창출을 위한 제도이기 때문에 설립과 운영에 예산이 허락하는 선에서 최대 10억 원(컨소시엄형은 최대 20억 원)까지 장애인고용공단이 지원한다. 그동안 많이 설립되고 확산된 자회사형 표준 사업장에 비해 컨소시엄형 표준 사업장은 많은 장점에도 불구하고 아직 한 곳도 설립되지 못했다. 공공 기관의 참여가 필수적인데 막상 공공 기관이 참여하려면 넘어야 하는 난관이 엄청나게 많기 때문이다.

우선 공공 기관에 표준 사업장의 사업 지속성을 판단하기 위한 전담 부서가 없고, 일반 기업의 구조를 이해하는 공무원이 많지 않다. 게다가 참여를 결정한다 해도 자치 단체나 공공 기관에서 기업을 설립하거나 출자하기 위해 거쳐야 하는 단계가 많아서 어지간한

◆ 국내 최초의 컨소시엄형 장애인 표준 사업장 협약식 모습. 민간, 지역, 기업 등 여러 단체의 뜻과 이해가 모여 이룬 거대한 성과다.

의지로는 극복하기 어렵다. 여주시 역시 사업 내용도 좋고, 시장 이하 관련 부서에서도 참여하는 것이 좋다고 동의했지만 막상 추진하려고 보니 '자치 단체 출자 출연에 대한 법률'에 따르면 최소 1년 6개월에서 2년이 걸리는 지난한 과정을 거쳐야 했다. 장애인고용공단의 예산 계획과 집행은 매년 진행되는데 공공 기관의 출자 결정은 2년이나 걸리니 애초에 이 제도는 기존 법과 잘 맞지 않았다.

이 사업과 관련 있는 고용노동부와 보건복지부, 기획재정부, 법제처의 해석을 돌아가면서 받아 봐도 별다른 방법이 없었다. 애초 컨소시엄형 표준 사업장 설립에 근거가 되는 예외 조항을 만들어 됐어야 했는데 그게 없으니 법대로 모든 과정을 다 밟는 수밖에 없었다. 다행히 여주시에서 포기하지 않고 시청과 시의회와 외부 기관과 심의위원회를 오가며 타당성 조사를 하고, 의회 보고를 하고, 조례를 만들어 예산을 집행하는 과정을 기꺼이 감당하며 놀라운 속도로 해결해 주었다. 결국 국내 최초의 컨소시엄형 표준 사업장인 '푸르메 여주팜'이 2021년에 완공될 예정이다. 이 모든 과정을 지켜본 어떤 이는 (법 개정이 없는 한) 이것이 처음이자 마지막인 컨소시엄형 표준 사업장이 될 것이라고 단언했다. 모두가 선한 뜻과 의지를 가지고 법을 만들어도 이렇게 실행 과정에서 발목이 잡히는 일들은 어디에나 있다.

누구도 어떻게 해야 할지 몰랐지만 그래도

푸르메소셜팜 프로젝트를 진행하며 다양한 부처의 공무원과 씨름할 일이 많았다. 어쩌면 당연하게도 공무원들은 리스크가 생기는 것을 무척 우려했다. 국가의 안정적인 운영을 책임지는 담당자이기 때문에 위험을 회피하는 것은 국민의 한 사람으로서는 고마운 일이지만, 새로운 사업을 하는 입장에서는 한 걸음 한 걸음이 모래주머니를 달고 가는 것처럼 힘든 일이다. 앞서 설명한 사례처럼 컨소시엄형 표준 사업장인 푸르메 여주팜에 관련된 정부 부처는 고용노동부, 보건복지부, 농림축산식품부, 국토교통부, 환경부, 국세청 등이다. 그동안 협의를 진행한 지자체는 서울시, 여주시, 경기도, 강동구, 종로구 등이다. 고용노동부에서는 농업이 낯설고, 보건복지부에서는 주식 회사가 낯설고, 농림축산식품부에서는 장애인 일자리를 낯설어했다. 가장 자주 들은 답은 "아, 이런 사례는 처음이라…… 검토해 보고 연락을 주겠다"는 것이었고, 그다음으로 자주 들은 답은 "아무래도 이런 사례가 없어서 진행이 어려울 것 같다"였다.

새로운 일이니 기존에 사례가 없는 것은 당연하다. 그러나 사례가 없으니 진행이 어렵다면 우리나라에서 새로운 모델은 어떻게 만들어질 것인가. 안 된다는 법은 찾기 쉬운 '법'이나 '령'에 있는 반면, 가능한 예외들은 '세칙'이나 '별표'에 들어 있는 경우가 많았다. 어떤 경우는 안 된다는 근거법이나 규정이 없는데도 관례처럼 진행이 안 되었거나 규제해 온 사례도 적지 않았다.

우리는 관련법을 찾고, 시행령을 찾고, 시행 세칙을 찾고, 별표까지 확인하는 습관이 생겼다. 적어도 준법의 범위 안에서 우리가 할 수 있는 것이 무엇인지, 절대로 안 되는 것이 무엇인지, 해석에 따라 달라지는 부분은 무엇인지를 명확히 해야 포기할 것과 극복할 것을 구분해서 대안을 마련할 수 있었다. 다행인 것은 그래도 최근 정부가 적극 행정을 장려하면서 가능한 방향으로 검토해 보려는 고마운 공무원을 적지 않게 만났다는 점이다.

"○○법에 A항목은 없습니다."

"불가라는 말은 없던데 A로 하면 어떻게 되나요?"

"……확인해 보겠습니다."

"○○법에 B로 되어 있습니다."

"만약 B로 하면 C규정상 진행이 불가능한데요?"

"……확인해 보겠습니다."

"D건은 E팀이 담당이네요. 돌려 드리겠습니다."

"방금 E팀에서 돌려 주신 건데요?"

"……확인해 보겠습니다."

대략 저런 통화를 많게는 하루에 10통 넘게 했다. 컨소시엄형 표준 사업장을 추진할 때는 고용노동부-보건복지부-법제처-총리실-자치 단체 담당 공무원들과 순차적으로 법령의 해석을 두고 씨름해야 했다. 이때 가장 많이 들었던 말은 "아, 그렇네요"이거나 "아, 그렇대요?"였다. 우리나라 법령들은 어떤 경우에는 헐렁하고, 어떤 경우에는 과도하게 촘촘하며, 다른 법령들과 톱니가 맞지 않아 실제로 시행되기 어려운 경우도 있었다. 실행하다가 생기는 문제점을 눈에 보이는 대로 '신속하게' 대책을 만들다 보면 근본적인 문제는 계속 발생하고 실행에서는 더 촘촘하게 규제가 커지는 땜빵 수준이 될 수밖에 없다.

푸르메재단은 장애 어린이의 치료와 재활, 장애인의 자립과 행복을 위해 존재하는, 어떤 기업이나 종교 재단과도 무관한, 바꿔 말하면 누군가의 이익이나 입김이 없고 탐욕을 부릴 자산도 거의 없는 가난한 재단이다. 성인 발달 장애인의 치유와 재활에 농업을 매개로 한 케어팜이 매우 효과적이라는 것을 선진국의 사례를 통해 확인한 후 농업을 통해 장애인의 재활과 자립의 새로운 모델을 만들고 싶었지만 땅이 없었다. 기부자가 좋은 농지를 기부하겠다고 나섰지만 이를 쉽게 받을 수도 없었다. 왜냐하면 '농지법상 농업인/농업 법인이 아닌 재단은 농지를 가질 수 없기' 때문이다. 그곳에서 농사를 짓겠다고 서약을 해도 가질 수 없다. 이 규정은 농업을 하지 않는 사람(법인)이 농지를 투기 목적으로 사용하기 때문에 만들어진 조항이다. 기부를 해 주셔도, 농사를 짓고자 해도 받을 수 없었다.

그럼 농업 법인을 만들면 어떨까. '농어업경영체 육성 및 지원에 관한 법률'에 따라 농업 법인은 기등록된 농업인이 10퍼센트 이상의 지분과 30퍼센트 이상의 이사회를 장악해야 설립이 가능했다. 앞으로 농업을 하겠다는 계획 정도로는 당연히 안 된다. 만약 좋은 프로젝트에 참여해 주겠다는 농업인이 있어서 농업 법인을 설립한다면 어떨까? '상속과 증여에 대한 법률'에 의해 원칙적으로 푸르메재단은 법인의 주식을 5퍼센트 이상 가질 수 없다. 믿을 만한 다른 개인 혹은 법인에게 몽땅 법인의 지분을 맡기거나 '지분 보유가 재단 목적 사업에 부합하다'는 보건복지부의 '인정'을 받아야 예외적으로 보유할 수 있다.

'허가'도 '신고'도 '승인'도 아닌 '인정'이 필요하다

보건복지부의 '인정'은 어떻게 받는가? 법령을 주관하는 기획재정부에서도, 승인 주체인 보건복지부에서도, 법령을 시행하는 국세청에서도 어떻게 인정을 받아야 하는지에 대해 답해 주는 곳은 없었다. 아마도 기존 사례가 없었거나, 있었는데 담당자가 바뀌어 정보가 사라졌을 것이다. 어떻게 인정받는지 모르니 인정을 위한 신청 양식도, 필요한 정보도, 프로세스에 대한 매뉴얼도 없었다.

농지만 안 될 뿐 임야나 대지는 기부를 받을 수 있다. 그럼 농지를 대지로 바꾸어 기부를 받고 농업을 하면 어떨까. 농사를 짓거나 토지에 대해 조금이라도 이해도가 있는 사람이라면 코웃음을 칠 것이다. 농지를 대지로 바꾸면 땅의 가치가 크게 높아지기 때문에 대지로 전환하기도 어려울 뿐더러(대지로 바꿔야 하는 절실한 이유가 필요한데 농사를 지을 것이라고 하면 허가가 나올 리 없다), 혹 가짜 계획으로 승인을 받는다 해도 각종 부담금과 세금이 수억 원 넘게 부과된다. 그렇게 어렵게 전환한 대지에 농사를 짓는다면 그것만큼 바보 같은 짓도 없을 터였다.

그럼 농지를 임야로 바꾸어 기부를 받는 것은 어떨까? 보통 임야를 농지로 바꾸려면 개발 행위 허가를 받아 각종 세금을 납부하고서야 농지 전용이 가능하다. 원한다면 농지를 굳이 임야로 다운그레이드를 시킬 수는 있겠지만 그 임야에서 농업은 할 수 없다. 푸르메재단의 '발달 장애인의 치유와 자립을 위한 스마트팜' 사업은 정

◆ 우영농원이 철거된 터를 하늘에서 내려다본 모습(위)과 이곳에 들어설 푸르메스마트팜 여주농원의 조감도(아래). 2021년 완공을 목표로 하고 있다.

말 많은 분이 공감하고 좋아해 준 기획이었다. 많은 기업과 기부자들이 기부금과 농지를 주셨지만 여전히 푸르메재단은 이 사업을 주도적으로 수행하기 어렵다. 그만큼 풀어야 할 숙제도 많은 셈이다.

치열했던 기획단, 아직 넘어야 할 산은 많다

여주시에 농장 설립 계획이 구체화되면서 상세한 사업 계획이 필요했다. 어떤 작물을 키울 것인지, 어떤 사업을 할 것인지, 장애인은 몇 명이나 고용할 것인지, 우리 농장은 기존 농장들과 어떻게 다를 것인지, 우리의 최종 비전과 목표는 어떻게 세울 것인지 등등. 가장 위에 있어야 하는 비전과 미션의 정립부터 가장 말단에 있는 세부 시행 업무 계획과 일정 계획까지 필요했다.

푸르메 마을에서 시작되어 스마트팜을 중심으로 하는 푸르메소셜팜 모델로 구체화되었지만 여전히 푸르메 마을에서 꿈꿨던 복지와 문화가 함께하는 공간, 장애인과 비장애인이 어울리는 즐거운 공간을 만들고자 하는 의지에는 변함이 없다. 농장에서는 스마트팜 외에도 비장애인들이 와서 쉴 수 있는 예쁜 카페와 지역 주민이 참여할 수 있는 파머스 마켓, 젊은 예술가와 만들어 가는 공방과 멋진 산책길, 예쁜 꽃이 가득한 정원이 있기를 바랐다. 한 평이라도 더 농사를 지어 생산량을 높이는 것도 중요하겠지만 그보다 오가는 것만으로도 행복한 공간, 누구라도 함께하면서 성장할 수 있는 농장으로 벤치마킹되는 것도 중요했다. 푸르메소셜팜의 목표는 최고의 생산성을 가진 스마트팜이 아니라 누구라도 오고 싶고, 닮고 싶은 행복한 공동체 농장과 좋은 장애인 일자리의 표본이 되는 것이다. 더 이상 일본과 유럽의 장애인 일자리를 벤치마킹하지 않아도 되도록 말이다.

현실과 트렌드를 분석하고, 비전과 미션을 세우는 일에는 전문가의 자문이 필요했다. 비즈니스에 대한 다각도의 시뮬레이션과 분석, 큰 틀에서의 분야별 예산과 일정 계획, 나아가 발달 장애인의 교육과 일을 통한 변화, 사회적 가치의 평가와 확산 등을 종합적으로 연구하고 기획에 반영해 줄 푸르메소셜팜 기획단이 만들어졌다. 공익 법인의 사업 설계와 홍보 마케팅 전문가인 최혜정 대표, 브랜딩을 통한 사회적 가치 창출 전문가인 서울대학교 미대 이장섭 교수, 도시 계획과 공간 디자인 전문가인 서울대학교 김경민 교수 등 한 분도 모시기 어려운 어마어마한 이력의 전문가들이 푸르메소셜팜을 위해 모여 100일이 넘도록 머리를 싸맸다.

분야별로 나눠 개개인의 강력한 네트워크를 통해 엄청난 양의 인터뷰와 국내외 케이스 스터디를 진행하며 더 나은 모델을 만들기 위한 아이디어를 정리했다. 우리 시각에서는 보이지 않았던 사회적 가치와 무심코 밀어 놓았던, 하지만 꼭 지켜 나가야 할 중요한 가치들이 하나둘 정리되었다. 물론 실행 단계에서 적잖은 계획의 수정과 전술 변경이 필요하겠지만 그럼에도 불구하고 흔들리지 않고 지켜 나가야 할 핵심 가치와 비전을 구축하는 데 큰 힘이 되었다.

수많은 난관을 뚫고 컨소시엄형 장애인 표준 사업장으로 건립되는 푸르메 여주팜은 장애 청년들이 쾌적하고 안전하게 일할 수 있도록 첨단 기술을 도입한 스마트팜으로 작물 재배 및 포장 판매, 지역 농산물 가공 판매, 중증 장애인의 직업 재활을 위한 영농 훈련 등을 구상하고 있다. 농업이 주는 치유의 힘을 느끼며 오랫동안 즐겁게 일할 수 있고, 많은 사람이 찾아와 비장애인들과 상생하며 살아가는 공간을 만드는 것이 목표다. 장애 청년들은 이곳에서 자신의 적성과 역량에 맞는 업무를 수행하면서 다양한 교육 치유 돌봄 프로그램의 혜택을 받게 될 것이다. 설립 초기 장애 청년 30명을 채용하고 이후 점진적으로 채용 규모를 확대할 예정이다.

이제 막 첫 걸음마를 뗀 푸르메소셜팜은 넘어야 할 산이 많다. 첨단 스마트팜 건설, 스마트팜과 농업에 대한 지속적인 조사, 장애 청년을 위한 직무 분석 및 개발, 농작물 및 가공품 판로 개발, 지역 사회 상생 방안 등 과제가 산적해 있다. 푸르메소셜팜 사업의 취지를 이해한 많은 시민과 연예인, 기업의 후원이 이어지고 있지만 더 많은 참여를 이끌어 내는 것도 중요하다. 이러한 과제를 하나하나 해결해 나간다면 장애 청년들이 일하고 성장해 우리 사회의 일원으로 우뚝 설 수 있는 일터, 농업의 사회적 가치를 창출하는 새로운 비즈니스 모델이 가능할 것이다.

글_ 임지영(푸르메재단 팀장)

장애인과 비장애인이 상생하는
사회적 농업을 꿈꾸며

사회적 농업은 문재인 정부의 국정 과제 가운데 하나이자 우리 사회의 화두다. 사회적 농업은 사회적 약자와 취약 계층이 농업 활동을 통해 사회생활을 잘할 수 있도록 돕는 역할을 한다. 이는 농업이 가지는 다원적 기능Multifunctionality을 활용하는 사례다. 실업자가 농업 활동을 통해 직업 교육을 받고 일자리를 얻는 것, 우울증을 앓는 사람이 원예 활동을 통해 치유되는 것, 학교에 적응하지 못한 학생이 농작 활동을 통해 학교생활을 잘하게 되는 것, 장애인이 농업 분야에서 돌봄을 받는 것처럼 혁신적인 일을 수행하는 것이다. 즉 사회적 농업은 의료와 복지, 교육과 노동 등 사회 각 분야의 연결 고리 역할을 한다.

농장주에게 있어 사회적 농업은 기존의 역할에 대한 외연을 확장하는 새로운 정체성을 부여하고, 사회 참여와 폭 넓은 사회적 관계를 제공하는 등의 의미를 가진다. 아울러 사회적 농업에 대한 보상 체계가 이루어진다면 소득을 얻는 수단도 될 수 있다. 다만 우리나라는 네덜란드나 독일 등 복지 선진국과 달리 아직 사회적 농업에 대한 보상 체계가 미흡해 현재는 수익을 얻을 수 없는 구조다. 장애인이나 사회적 약자에게 있어 사회적 농업은 함께 생활하며 보통의 사람들처럼 일상생활을 영위할 수 있는 기회가 된다. 의미 있는 시간을 보내고 일자리를 가질 수 있는 활동을 할 수 있게 되는 것이다. 또한 중장기적으로 보면 사회적 농업은 도시와 농촌 간의 관계를 증진하고, 농촌의 일자리 창출과 농가 수입 다각화 등 농촌 지역의 경제 활성화에도 기여할 수 있다.

독일의 대표적 사회적 농업 호프굿 오버펠트

독일 중부 지역 다름슈타트Darmstadt에는 호프굿 오버펠트Hofgut Ober-feld라는 재단이 운영하는 사회적 농업 실천 법인이 있다. 이 법인은 장애인과 비장애인이 함께 일상적인 사회생활을 할 수 있는 사회 치유Sozialtherapie의 철학을 가진다. 이곳에는 장애인을 위해 일터, 거주 공간, 그 외 개인적인 생활 공간이 마련되어 있고, 일반 시민들을 위해서는 상점, 카페, 가족이나 친구들과 함께 여가를 보낼 수 있는 공간이 마련되어 있다.

◆ 독일 다름슈타트에 위치한 호프굿 오버펠트 농장의 모습.

이 건물과 부속된 농지는 본래 1892년부터 농업 활동을 하던 곳으로 120년 이상의 역사를 가졌다. 하지만 본격적인 사회적 농업을 시작한 것은 정부의 소유에서 시민의 소유로 넘어간 2006년부터다. 시민들은 자발적으로 재단을 만들어 정부의 건물을 구매하고 골프장으로 예정되어 있던 건물 주변 농지를 임대했다. 그리고 농업 활동을 중심으로 시민들의 일터, 삶터, 장터, 배움터로 사용하고 있다. 현재 이곳에서는 농업 생산 활동, 치즈 제조, 제빵, 교육 농장, 행정, 직판장, 농장 카페, 장애인 생활관 등에서 약 60개의 일자리가 창출되었다. 또한 장애인 20여 명이 이곳 숙소에서 생활하고 있다. 이들은 낮 동안 인근의 장애인 작업장에서 일하고, 그 외 시간에는 이곳에서 원예 치유, 미술 치유, 승마 치유 등 다양한 프로

◆ 휴식, 체험, 교육 등 복합 공간의 역할까지 하고 있는 호프굿 오버펠트 농장의 직판장 내부 모습.

그램에 참여한다.

호프굿 오버펠트의 세련된 직판장에서는 언제든 일반 시민들이 먹거리를 구매할 수 있으며 주말에는 벼룩시장이 열린다. 또한 이곳은 시민들이 커피를 마시며 쉴 수 있는 공간이며 다양한 이벤트, 행사, 축제, 교육 강좌가 열리는 문화의 공간이다. 정기적으로 소식지를 발행하여 시민들과 소통하면서 시민들의 공간이라는 인식을 심어 주고 있다. 이곳의 교육 농장은 학교나 유치원의 역할뿐 아니라 일반 가족이 방문하여 농산물(식량 작물, 과채류, 화훼류, 축산)의 생산 과정을 직접 보고 체험하는 배움터 역할도 겸한다. 아울러 국내외 청소년 및 성인에게 짧게는 하루부터 길게는 1년까지 다양한 실습 교육의 기회도 제공하고 있다. 또한 병원, 재활원과 연계하여 치유와 재활의 기회도 제공한다.

제도적·정책적 뒷받침이 반드시 필요하다

이러한 선진국의 사회적 농업은 정부의 보상 체계를 기반으로 법인이 운영하는 모범 사례다. 하지만 우리나라의 경우 아직 이러한 사회적 농업의 형태를 거의 찾아볼 수 없다. 반면 치유 농업을 하는 농장은 일부 존재하는데 대개 공익보다는 사익을 추구하는 개인 농장이나 주식 회사다. 국내에는 사회적 농업과 치유 농업이 서로 분리된 채로 유입되었는데 누구를 대상으로 하느냐에 따라 차이가 발생한다. 사회적 농업의 경우 사회적 약자를 대상으로 운영된다. 이들은 비용 지불 능력이 낮기 때문에 대개 공공 기관의 지원이 필수다. 반면 치유 농업 이용자들은 비용 지불 능력을 갖춘 개인으로, 건강에 관심이 많고 여가나 체험 또는 건강 증진을 목적으로 찾아온다.

　푸르메소셜팜을 비롯해 사회적 약자를 위한 사회적 농업이 우리 사회에 정착되려면 제도적·정책적 뒷받침이 필요하다. 먼저 '사회적농업법'이 제정되어 우리나라에 맞는 사회적 농업에 대한 명확한 정의부터 내려져야 한다. 그리고 법에 따라 중앙 정부부터 기초 지방 자치 단체에 이르기까지 각 위치에서 해야 할 역할이 정리되어야 한다. 그중 중앙 정부 부처 및 기관 간의 연계와 협력은 최우선 과제다. 이는 사회적 농업의 대상자인 사회적 약자들이 농업 정책은 물론 교육, 복지, 고용, 의료 정책과 맞물리는 장소에 존재하기 때문이다.

예를 들어 현재 사회적 농업은 농림축산식품부를 중심으로 전개되고 있다. 하지만 약 1조 원가량 적립되어 있는 장애인고용촉진기금을 농림축산식품부가 사회적 농업 경영주를 위해 활용할 수 없고, 개인이 활용하도록 하는 해결 방안도 찾을 수 없는 구조이기 때문에 법에 기초해서 국무총리를 중심으로 움직여야 한다. 마지막으로 제도와 정책을 넘어 사회적 약자에 대한 국민의 배려와 존중의 문화와 의식 확산이 가장 중요한 문제다. 인간은 사회적인 존재로서 요람에서 무덤까지 서로에게 서로가 필요한 존재라는 인식이 공유되어야 한다. 앞으로 나아가야 할 길은 사뭇 척박하고 거칠어 보이지만 국내에서 한 번도 보지 못했던 새로운 형태의 사회적 농업이 만들어진다면 장애인을 위한 복지에 한 획을 그을 수 있는 성과가 될 것이다.

글_ 강동규(지역아카데미 이사)

2부

농업과 복지의 만남,
일본의 사회적 농업 현장을 가다

고령화 농업의 빈자리를 장애인이 채우다, 교마루엔 농장

일본 나고야에서 차를 타고 남동쪽으로 2시간 정도 달리면 시즈오카현에 위치한 교마루엔 농장을 만날 수 있다. 이곳은 장애인에 대한 복지와 농업이 결합된 '농복연계'로 유명한 농장인데, 일반적인 업무 환경에서 작업하기 힘든 장애인들에게 보다 일하기 편한환경을 제공해 업무 효율을 높이고 있다. 업무 형태에 따라 일반인과 장애인이 같은 업무를 하도록 만든 '유니버설 농업'과 비슷하다. 일본에서는 농촌의 고령화와 도시로 떠난 젊은 세대의 부재로 농촌의 노동력 문제가 사회 이슈로 부상하면서 장애인 노동력이 주목을 받았다. 이곳을 운영하는 스즈키 아츠시 대표는 '장애인 고용을 넘어 이 노동력을 보다 효과적으로 운용하고 싶다'는 생각으로 유니버설 농업을 농장에 적용했다고 한다.

강한 농업 환경을 구축하는 농복연계

스즈키 대표는 13대째 대를 이어 농장을 운영 중이다. 그는 장애인이 농업을 잘할 수 있도록 환경을 조성하는 농복연계에 대해 남다른 비전을 가지고 있다. 장애인들이 보다 편하게 일할 수 있는 환경을 갖춘다면, 그와 같은 환경에서는 고령 노인도 쉽게 일을 할 수 있을 것이라고 생각하기 때문이다. 스즈키 대표는 "농장 운영의 궁극적인 목적은 장애인 고용을 넘어 '강한 농업 환경'을 구축하는 것"이라고 설명했다. 일본 농업 인구의 고령화 문제에 대한 나름의 해결책인 셈이다.

교마루엔 농장은 매출의 99퍼센트를 차지하는 수경 재배를 하는 수경부, 토지를 경작하는 토경부, 장애인들의 교육과 업무를 담당하는 심경부로 구성되어 있다.

매출의 대부분을 담당하는 수경부가 농장의 핵심처럼 보이지만, 사실 교마루엔 농장의 1번 부서는 심경부다. 스즈키 대표는 회사 내 어떤 부서가 중심이 되느냐에 따라 그에 맞는 방향으로 업무가 진행된다고 생각했다.

심경부가 타 부서에 명령할 때 장애인에 맞는 업무와 환경이 구축될 것이라고 판단한 것이다. 그렇지 않다면 비장애인에게 맞춘 명령이 내려올 것이고 거기에 장애인들이 맞추어야 하는 구조가 만들어지게 될 것이 뻔하기 때문이다. 이는 회사의 이념에 반하는 것이기도 하다. '심경부→수경부·토경부'로 이어지는 구조는 장애인이 훈련을 통해 비장애인과 함께 일하며 사회에 적응할 수 있도록 회사의 형태를 짜는 요체가 됐다.

◆ 교마루엔 농장 수경부에서 재배 중인 작물 모습. 매출의 대부분이 이곳에서 발생한다.

장애인 근로자의 업무는 간결하고 명확해야

스즈키 대표는 농복연계의 핵심은 업무의 단계화라고 말한다. 소수 인원이 일한다는 것은 혼자서 여러 단계의 일을 복합적으로 진행한다는 것이다. 그러나 장애인들은 이런 형태의 업무에 대응하기 쉽지 않다. 보통 누군가 "선반을 깨끗하게 해 주세요"라고 지시하면 비장애 근로자는 머릿속에서 각 단계를 생각해서 작업한다. 하지만 장애인 근로자는 이런 추상적인 명령어를 해석하지 못한다. "선반이 깨끗해질 때까지 닦아 주세요"라고 하기보다는 "오른쪽 상자에서 선반을 꺼내 앞부분을 5번, 뒷부분을 5번 문지른 다음 옆면을 손으로 2번 쓸고 왼쪽 상자에 넣어 주세요"라고 지시해야 올바르다. 장애인 근로자는 이렇게 명확한 행동을 할 수 있는 구체적인 명령어가 수반되어야 제대로 행동할 수 있다.

하지만 이러한 방법으로도 완전한 결과를 내기 힘들 때가 있다. 그래서 스즈키 대표는 구체적인 작업 지시를 위해 업무를 보조하는 기계를 도입했다. 그는 그 기계를 만들기 위해 자체적으로 도면을 설계한 후 근처에 있는 공방에 제작을 의뢰했다. 여기에 농장 내 장애인들을 진료한 의사들의 소견까지 첨부했다. 한쪽 팔을 사용하기 힘든 장애인을 위해 다른 쪽 팔로 조작할 수 있도록 설계했고, 허리와 다리 통증으로 일어서기 힘든 장애인을 위해 기계의 높낮이를 조절할 수 있도록 만들었다.

스즈키 대표가 보조 기계를 도입한 배경에는 복지 전문가들이 만

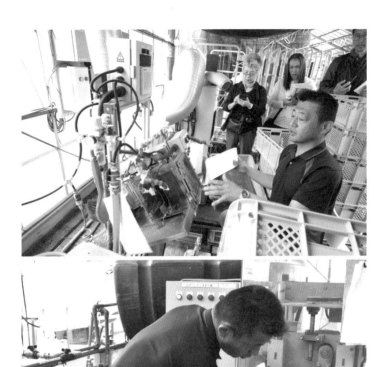

◆ 장애인 직원들이 쉽게 조작할 수 있도록 제작한 업무 보조 기계들을 스즈키 아츠시 대표가 시연해 보이고 있다.

든 매뉴얼의 영향이 컸다. 과거 그는 수경 재배 모종을 심을 스펀지에 얼마만큼의 수분이 스며들도록 해야 할지 팔에 느껴지는 감각과 노하우로 판단했다. 하지만 이러한 감각과 노하우에 의지하는 업무는 본인 이외의 다른 근로자는 할 수 없다. 감각에 의존하는 업무를 하는 대다수의 장인이 고민하는 것이 바로 이 부분이다. 감각과 노하우에만 의존한다면 도장 기간의 도제식 교육 방식을 도입해 업무를 제대로 할 때까지 열정과 에너지를 들여 가르쳐야 하기 때문이다.

이러한 어려움을 없애고자 스즈키 대표는 복지 전문가들의 도움을 얻어 누구나 수행할 수 있도록 업무를 세세하게 쪼개고 여러 가지 도구를 사용해서 업무 매뉴얼을 만들었다. 그 덕분에 스즈키 대표가 팔의 감각에 의존했던 스펀지 작업은 업무 매뉴얼과 보조 기계의 도움으로 장애인 직원들도 스즈키 대표가 작업한 것과 비슷한 수치의 결과물을 만들어 낼 수 있게 되었다.

장애인 고용의 쟁점 중 하나인 급여 체계

교마루엔 농장의 장애인 고용 비율은 약 30퍼센트로 유지되고 있다. 일본에도 우리와 같은 장애인 의무 고용 제도가 있다. 일정 인원을 채용하지 않으면 벌금을 내야 하는데 우리보다 훨씬 과중하다. 그래서 농장주는 장애인을 필히 고용하지만 문제는 임금이다. 업무 효율성이 떨어지는 장애인에게 임금을 보전한다면 회사는 그만큼 손해를 보기 때문이다.

교마루엔 농장에서는 장애인 급여를 능력에 따라 차등 지급한다. 단순명료한 작업에 대한 급여는 장애인이든 비장애인이든 같다. 하지만 장애인은 보통 비장애인보다 작업 능력이 떨어질 수밖에 없다. 이에 따라 현재 고용 중인 25명 중 7명은 최저 임금 제외 신청을 했다. 보통 이곳에서 근무하는 장애인들은 다른 회사의 장애인 채용 전형에 합격하지 못한 사람들이다. 일반 기업에 합격한 장애인이 보통 15만 엔(약 163만 원) 정도의 급여를 받는다면, 복지 시설에서 머무는 장애인들은 1만 5000엔(약 16만 3000원) 정도를 받는다. 교마루엔 농장에서 근무하는 장애인들은 그 중간 정도인 7만~10만 엔(76만~108만 원) 정도의 급료를 받는다.

농장에서는 처음에 장애인 근로자의 작업 능력이 비장애 근로자의 50퍼센트 정도일 것으로 기대하고, 시즈오카현 기준 최저 임금인 시급 1000엔(약 1만 1000원)의 50퍼센트인 500엔으로 시급을 책정했다. 보통 장애인 근로자가 5년 정도 근무하면 최저 임금 제외 신청을 하지 않아도 될 정도로 업무에 숙련된다고 한다. 현재 교마루엔 농장에서 가장 많은 급료를 받는 장애인은 20만 엔(약 217만 원) 정도를 받는다. 일본 정부도 우리처럼 일정 규모 이상 장애인을 고용했을 때 지원을 하지만 농장에서는 여기에 큰 기대를 하지 않는다고 한다. 스즈키 대표는 "농장에서 장애인 25명을 고용했을 때 정부에서 받는 지원금은 연 500만 엔(약 5400만 원) 정도인데, 우리 농장에서 직원들의 총 급료로 지급되는 액수는 연 3000만 엔(약 3억 2600만 원)에 달하기 때문"이라고 설명했다.

◆ 교마루엔 농장의 선풍 작업 모습. 장애인과 비장애인 근로자가 함께 근무하고 있다.

　　처음 교마루엔 농장에 들어온 장애인 직원은 간단한 작업을 시작으로 농장의 여러 일에 도전하게 된다. 지적 장애인의 경우 3개월, 정신 장애인의 경우 7개월~1년 사이에 자신이 잘할 수 있는 일을 찾으면 그 분야의 다음 단계 업무에 도전한다. 교마루엔 농장의 가장 놀라운 점은 체계적인 업무 관리다. 이곳에서는 장애인 직원이 새로 들어오면 우선 어떤 일을 하고 싶은지 묻는다. 장애인 직원이 가장 잘할 수 있는 일은 자신의 관심사와 행동 패턴에 따라 다르기 때문이다. 스즈키 대표는 이러한 점에 주목했고 입사하는 모든 장애인 직원과 면담하면서 그들이 어떤 일을 하고 싶은지 파악하고 해당 위치에 배치했다. 이후에는 다양한 일에 도전하게 해 장애인 근로자가 할 수 있는 업무 범위를 넓혀 나갔다.

장기적인 업무 성과와 환경을 바라보다

교마루엔 농장 수경부에는 2명의 사회 복지사가 근무한다. 이들은 상사에게 업무 지시를 받은 뒤 장애인 근로자들에게 배분하는 역할을 한다. 그 가운데 한 명인 우치야마 미호 씨는 장애인 직원들에게 어떻게 일을 배분하는지에 대해 "장애인 직원들은 의욕이 강하지만 자신이 정말 이 일을 할 수 있는지는 잘 알지 못한다"며 "체험을 통해 자신이 할 수 있는 일인지를 판단하게 한다"고 답했다. 이어 "근로자들에게 제공된 업무 매뉴얼은 현장에서 실제로 도움이 된다"며 "해야 할 것과 하지 말아야 할 것을 구분해 주는 것은 이들이 빠르게 업무에 적응하는 데 많은 도움이 된다"고 덧붙였다.

◆ 교마루엔 농장 수경부에서 근무하는 사회 복지사 우치야마 미호 씨와 장애인 근로자 코마타 하루카 씨.

"실제로 처음 들어왔을 때 하루 3시간 동안 빗자루질만 할 수 있었던 장애인 직원이 8년 후에는 건풍 작업(작물 사이에 미세하게 묻은 불순물이나 벌레를 제거하는 작업)도 할 수 있을 정도로 업무를 잘 배우고 적응했습니다."

장애인 근로자인 코마타 하루카 씨는 수경부에서 상자에 작물을 채우고 포장하는 일을 한다. 입사 후 훈련을 통해 지금은 하루 7시간 동안 근무할 정도로 잘 적응했다. 그녀는 출퇴근을 부모님과 같이한다. 집에서 농장까지는 차로 30분 정도의 거리라 오가기 힘들지만 동료들과 함께 일하는 게 즐겁다고 했다. 동료를 어떻게 챙기느냐고 물었더니 매달 축하하는 자리를 만들어 생일과 기념일을 서로 축하한다고 했다. 입사하고 훈련과 업무를 함께하며 생겨난 동료애가 남달라 보였다.

스즈키 대표는 13대째 농장을 운영한 노하우를 기반으로 오랫동안 준비해 농복연계를 실현하고 있다. 그 안에는 장인 정신도 깃들어 있다. 이익을 내면 농장이 더욱 잘 굴러갈 수 있도록 재투자해 개량을 거듭한 흔적이 농장 곳곳에서 보인다. 농장의 지속 가능성을 따져 보면 장애인이라는 노동력은 큰 기회가 될 수 있다. 단순히 헐값의 노동력을 이용한다는 측면이 아니라 누구나 비슷하게 일할 수 있도록 만드는, 유니버설 농업을 통한 업무 평준화를 실현한 모델이야말로 인구 고령화에 대한 현명한 대응이라고 생각한다. 단기적인 업무 성과보다 장기적인 업무 환경을 바라보는 교마루엔 농장의 롱런을 기대한다.

글_ 최원철(CBS 노컷뉴스 기자)

누구나 일하고 싶은 농장을 만듭니다

농복연계의 성공 모델, 무몬 복지회

요즘 농촌이 사라지고 있다. 젊은 사람들은 일자리를 찾아 도시로 떠나고 농촌에 남았던 노인들은 점차 나이를 먹고 세상을 뜨면서 농촌 인구가 크게 줄어드는 추세다. 이로 인해 농업 종사자의 노령화, 일손 부족, 휴경지 확대 등 문제도 심각해지고 있다. 그래서 우리나라에서는 급격한 노령화와 경쟁력 약화로 어려움을 겪고 있는 농촌의 대안을 찾기 위한 다양한 노력이 시도되고 있다. 1차 산업인 농업과 제조, 지식 산업의 결합을 통한 새로운 미래 농업의 대안을 고민하기도 하고, 농업과 복지 등 다른 분야와의 결합을 통해 사회적 농업이라는 새로운 활로를 모색하기도 한다. 우리나라보나 앞서 이런 위기에 봉착한 일본은 문제를 해결하기 위한 다양한 모델을 내놓았다. 그 가운데 무몬無門 복지회는 새로운 대안 농업을 제시하며 일본 사회에서 주목받았다.

생산성과 복지는 선택의 문제

1987년 장애 자녀를 둔 부모가 장애의 유무와 상관없이 안심하고 살 수 있는 사회를 만들기 위해 설립한 무몬 복지회는 그룹홈, 주간 보호 시설, 장애인 작업장 등을 운영하는 사회 복지 시설이다. 장애인 재활 프로그램의 하나로 휴경지에 농약이나 비료 없이 농사를 짓는 자연 재배 방식을 도입해 휴경지 해소와 장애인 자립이라는 2가지 사회적 문제를 해결한 농복연계의 성공 모델을 제시하고 있다.

무몬 복지회가 직접 운영하는 홍차 카페로 안내를 받아 들어서는데 입구에 '어서 오십시오, 푸르메재단 님'이라는 한글 문구가 정성스럽게 적힌 입간판이 서 있었다. 방문객을 기분 좋게 만드는 작은 배려가 인상적이었다. 카페에서는 복지회가 직접 재배한 작물을 가공해 만든 상품들과 다양한 종류의 홍차를 판매한다. 무몬 복지회의 농산물 외에도 지역 사회에서 생산된 농산물을 함께 홍보하며 판매하는 모습에서 지역 주민과 상생하려는 노력이 엿보였다. 우리가 자리에 앉자 홍보 담당자가 과자와 홍차를 몇 차례에 걸쳐 내주고 구체적인 사례를 들며 무몬 복지회의 모든 사업에 대해 열정적으로 설명했다. 농장을 방문한 모든 이에게 이렇듯 정성을 다하는

◆ 무몬 복지회가 운영하는 카페 정문. 문 앞에 세워 놓은 입간판에서 방문객을 배려하는 정성이 느껴진다.

태도가 무몬 복지회의 경쟁력이라는 생각이 들었다.

　농장에 대한 설명을 다 듣고 시설을 둘러보기 위해 밖으로 나왔다. 카페에서 얼마 떨어지지 않은 곳에 표고버섯 재배 시설이 있었다. 발달 장애인 직업 훈련의 하나로 표고버섯을 재배하는 곳이다. 1차 생산물을 그대로 팔기도 하지만 일본식 과자인 센베이나 카레

◆ 무몬 복지회 내 카페에서 판매하고 있는 다양한 상품들. 이곳에서 재배한 농산물을 그
  대로 팔거나 과자, 차, 카레 등으로 가공해 판매하고 있다.

등으로 2차 가공해 카페에서 판매하는 과정을 통해 1·2·3차 산업
이 동시에 이뤄지고 있었다.

◆ 표고버섯 재배실의 모습. 무몬 복지회는 효율과 수익성을 모두 충족할 수 있는 작물로 표고버섯을 선정했다.

이곳의 표고버섯은 유독 검은색을 띤다. 햇빛이 부족해 생기는 전형적인 특징이다. 본래 책을 읽을 수 있을 정도의 태양광을 비춰 야 우리가 흔히 아는 연한 갈색을 띤 표고버섯이 생산된다. 햇빛을 차단하면 생산량이 느는 대신 검은색 버섯이 생산되는데, 우리나라 에서 이런 버섯은 낮은 품질로 취급받는다. 아마도 일본의 표고버섯 상품 기준은 우리나라와 조금 다른 듯했다.

내부로 들어가 보니 자동으로 온습도 조절이 가능한 시설임에도 장애인들이 물뿌리개를 이용해 표고버섯 배지에 물을 주고 있었다. 이곳에서 일하는 장애인에게 일정한 직무를 주기 위한 작업인 듯했다. 바로 이 지점에서 한 가지 숙제가 생긴다. 생산성과 효율성을 중시하는 자본 집약적 비즈니스 모델로 갈 것인가, 장애인 복지를 기본으로 한 비즈니스 모델로 갈 것인가 하는 것이다. 어느 하나 포기하기 어렵다. 장애인들을 고용하고 행복한 일자리를 보장하려면 수익 구조를 갖춘 비즈니스 모델이 필요하지만, 비영리 재단에서 운영하는 농장이다 보니 영리 추구에 한계가 있다. 무몬 복지회의 모습을 보며 '중증 장애인들이 재배할 수 있고 판매가 쉬우면서도 수익성까지 높은 작물에는 어떤 게 있을지' 고민이 깊어졌다.

휴경지 해소와 장애인 자립을 모두 해결하다

무몬 복지회는 2가지 측면에서 지역 사회와 협력하고 있다. 첫째는 농촌 인구가 노령화되어 일손이 부족해지면서 농업을 포기하는 사람이 늘자 부족한 일손을 장애인들이 채울 수 있도록 지원한 것이다. 둘째는 위와 같은 이유로 나날이 증가하는 휴경지를 빌려 비료와 농약 없이 농사를 짓는 자연 재배 방식을 도입해 장애인들이 건강하게 일할 수 있는 터전을 만든 것이다. 버려진 땅을 활용하고 장애인 일자리를 창출하는 일석이조의 효과를 낸 것이다.

인근 기업이나 관청, 상점 등에서 장애인들을 위한 일자리를 찾던 무몬 복지회는 농약이나 비료 없이 농사를 지을 수 있는 자연 재배 농법을 접한 후 지역 주민을 설득해 휴경지를 확보하고 농사를 짓기 시작했다. 지역 사회 내에서 장애인과 비장애인이 더불어 살아갈 방법을 찾은 것이다. 이로써 장애인들도 지역에 도움을 줄 수 있는 사회의 일원으로 인정받게 됐다. 육체와 정신이 건강해진 것은 물론, 채소 섭취를 거부하던 장애인들이 스스로 생산한 작물을 먹기 시작하면서 자연스럽게 식습관 교정 효과도 나타났다. 지역 사회와 장애인 모두 많은 혜택을 얻게 된 셈이다. 무몬 복지회는 생산성과 효율성 대신 장애인과 비장애인이 더불어 사는 공동체 사회를 꿈꾸며 장애인들에게 '농업'이라는 역할을 부여한 복지 중심의 농업 비즈니스 모델을 선택했다. 그런 선택을 할 수 있었던 이유는 대부분의 선진국처럼 정부나 지자체의 경제적 지원이 뒷받침됐기 때문이다.

일본에서는 장애인 1명이 시설에 입소할 때마다 하루 6000엔(약 6만 5000원) 정도의 지원금이 나온다. 수익을 내야 한다는 부담 없이 갈 곳 없는 장애인들을 받아들여 치유와 재활에 초점을 맞춘 농업을 추진할 수 있는 원동력이 여기에 있다. 장애 근로자들에게는 매달 1만 4000엔(약 15만 원)의 급여가 지급된다.

우리나라의 장애인 직업 재활 시설에서는 장애인 근로자에게도 최저 임금 지급을 권장하고 있다. 문제는 국가가 책임을 갖고 해결

◆ 무몬 복지회는 지역 사회의 휴경지를 빌려서 농사를 지음으로써 지역과의 상생을 꾀하고 있다.

해야 할 장애인의 소득 보장을 시설에 이관하고 있다는 것이다. 이때문에 한 나라 안에서도 지자체나 시설의 상황에 따라 서로 다른 복지 서비스가 제공되고 있으며, 그 피해는 고스란히 장애인에게 돌아온다. 가뜩이나 시설의 수가 부족한데 예산에도 한계가 있다보니 갈 곳 없는 장애인들은 결국 집에 격리될 수밖에 없다. 각 시설에서 예산 부담 없이 중증 장애인들에게 일자리를 제공할 수 있도록 국가가 장애인의 기본 소득을 보장해 주는 제도적 보완이 이뤄진다면 시설은 더 많은 장애인을 고용할 수 있게 될 것이다.

장애인 복지를 우선으로 하는 비영리 기관이라 해도 지속 가능성이 보장되어야만 장애인들에게 안정적인 환경을 제공할 수 있기 때문에 돈의 문제에서 완전히 자유로울 수 없다. 그러므로 농장 운영과 장애인 직원의 급여를 책임질 수 있는 탄탄한 수익 구조를 구축하는 것이 최우선 과제다. 다양한 수익을 만들어 내며 지역 사회 내에서 장애인과 비장애인이 더불어 살아갈 방법을 찾은 무몬 복지회를 통해 이를 우리 실정에 어떻게 적용할 수 있을지 고민할 수 있었다.

글_ 장경연(푸르메스마트팜 서울농원 원장)

농업의 6차 산업화를 이뤄 낸 모쿠모쿠 농장

일본 나고야시에서 2시간 거리인 미에현 이가시에 모쿠모쿠^{モクモク} 농장이 있다. 1987년에 작은 돼지 농장으로 처음 시작된 모쿠모쿠는 일본에서 농업의 6차 산업화를 가장 성공적으로 이뤄 낸 사례로 꼽힌다. 토마토, 버섯, 채소류를 재배하는 것은 물론, 쌀이 유명한 지역답게 쌀농사도 짓고 있다. 원조 돼지 농장에서 비롯된 햄·소시지 가공 공장 및 체험 프로그램도 마련되어 있고, 젖소를 키워 낙농 제품도 만들고 지역의 좋은 원료를 이용해 빵과 수제 맥주도 만든다. 모쿠모쿠라는 이름은 한자 '나무 목木'의 일본식 발음이기도 하고, '뭉게뭉게'라는 뜻을 가진 의태어이기도 한데 아이들도 발음하기 쉬워 친근함이 느껴지는 이름이다.

맛과 즐거움이 있는 농촌 마을

농장에서 생산된 다양한 채소와 고기로 운영되는 식당은 주말이면 북적북적 빈자리를 찾기 어렵다. 가족 단위로 놀러 오는 여행객들은 시골 할머니네를 찾은 것처럼 농장 이곳저곳을 다니며 돼지와 놀고, 빵을 만들고, 산책하며 하루를 보낸다. 배가 고파지면 신선한 채소와 고기로 만든 저녁을 먹고, 포근한 시골집 같은 모쿠모쿠 방갈로에서 밤을 보낼 수도 있다. 이렇게 농업과 가공, 관광 프로그램과 숙박까지 자연스럽게 연결되는 모쿠모쿠의 서비스는 6차 산업을 설명하는 최적의 모델로 손꼽힌다. 물론 이런 모쿠모쿠의 성공은 하루아침에 이루어지지 않았다. 가지 않은 길을 가는 이가 그러하듯, 6차 산업이라는 단어가 생기기도 전에 이 같은 모델을 상상한 모쿠모쿠의 초기 경영자들은 많은 어려움을 극복해야 했다.

모쿠모쿠에서 일하는 사람은 아르바이트 직원까지 포함해 1000명이 넘는다. 대부분 지역 주민들이고, 정직원은 모쿠모쿠의 조합원으로서 농장 경영에 참여할 수 있다. 그래서인지 모쿠모쿠에서는 직원은 물론 방문객들도 사장에게 직접 엽서를 써서 의견을 전할 수 있다. 무엇이 좋았는지, 무엇이 불편했는지, 어떤 점이 개선되면 좋을지, 혹은 어떤 직원이 방문객을 행복하게 했는지도 쓸 수 있다. 모쿠모쿠는 이러한 의견들을 모아 꾸준히 변화하며 더 나은 방향으로 나아가는 것처럼 보였다. 안내판 디자인이나 제품 포장, 체험 서비스나 메뉴 개발에도 직원들의 의견이 많이 반영된다고 한다.

◆ 일본 농업의 6차 산업화를 가장 성공적으로 이뤄 낸 모델로 꼽히는 모쿠모쿠 농장의 전경.

지역에 기반하고 있는 농장답게 직원 채용은 물론 지역 농민과의 연계 사업도 활발하게 진행한다. 과거 모쿠모쿠가 돼지 농장이던 시절, 더 경쟁력 있는 돈육 제품을 만들자는 목표로 인근의 돼지 농가들과 힘을 합친 것이 모쿠모쿠의 시작이었기 때문에 모쿠모쿠가 지역 농민과 협력하여 발전해 가는 것은 무척 자연스러운 모습이다.

국내 상하농원이 벤치마킹한 롤 모델

모쿠모쿠 농장은 일본에서 6차 산업 하면 가장 먼저 언급될 정도로 다양한 농업 관련 콘텐츠와 수익 모델로 성공한 농원이다. 우리나라에서도 6차 산업 벤치마킹을 위해 많이 방문하는 곳으로, 매일유업이 전북 고창에 만든 '상하농원' 역시 이곳을 벤치마킹해 만든 것으로 알려졌다.

모쿠모쿠 농장의 위치는 나고야와 오사카 중간 지점에 있어 한적한 시골이지만 인근 대도시에서 방문하거나 물류를 이동시키기에도 무리가 없다. 1987년 돼지 사육 농가 16곳이 모여 햄·소시지를 공동으로 생산하면서 시작되었다고 한다. 이후 일반인들도 직접 체험하며 농업을 느낄 수 있는 공간과 프로그램을 확대해 가면서 점차 테마파크 비즈니스로 영역이 넓어졌다.

모쿠모쿠 농장의 연 매출은 약 60억 엔(약 652억 원)에 달한다. 농장 운영에서 발생하는 매출이 약 30퍼센트, 회원제로 운영되는 농장 제품 통신 판매가 30퍼센트를 차지하며 나머지는 대도시에서 직영으로 운영하는 레스토랑과 매장 등 부대시설에서 발생한다. 최근에는 연간 50만 명이 방문할 만큼 큰 농업 테마파크로 성장했는데 6차 산업의 선두 주자답게 재배 시설 외에도 축산 농장, 브루어리, 식당, 온천, 숙박 시설 등 다양한 복합 시설을 갖췄다. 돼지, 젖소, 염소 등을 키우는 목장과 햄·소시지 및 유제품을 가공하는 공방이 있고, 맛있기로 유명한 브루어리와 베이커리 공방도 운영 중이다.

농장을 방문한 관광객들이 신선하고 맛있는 식사를 할 수 있는 직영 레스토랑과 식품 매장, 온천과 숙박 시설 등 다양한 복합 시설은 깔끔하게 관리되고 있다. 이른 아침에 농장 주인처럼 젖소의 젖

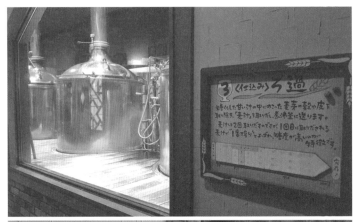

◆ 모쿠모쿠 농장의 자랑 중 하나인 브루어리. 이곳에서 생산된 수제 맥주는 각종 대회에서 수상했을 만큼 맛과 품질을 인정받았다.

을 짜거나 염소 먹이를 주는 농장 체험 프로그램도 있어 숙박하는 가족들에게 좋은 추억을 만들어 준다.

누구나 일하고 싶은 농장을 만듭니다

탁월한 디자인으로 상품 가치를 높이다

모쿠모쿠 농장을 둘러보면 건물이나 인테리어는 물론 작은 표지판과 길가의 나무 벤치 하나까지 예쁘고 아기자기하다. 농장의 느낌을 담아 소박하고 정감이 가는 디자인의 제품들이 곳곳에 많다. 1차 산업인 농업이나 2차 산업인 제조업과 달리 3차 산업에서는 고객의 마음을 얻을 수 있는 감성적 경쟁력이 상당히 중요하다. 좋은 품질을 갖고 있음에도 불구하고 소비자에게 외면을 받은 제품이 포장 디자인을 조금 바꿔 크게 성공한 사례를 우리는 주위에서 쉽게 찾아볼 수 있다. 모쿠모쿠는 농장 운영은 물론 판매하는 제품의 디자인에도 큰 노력을 기울인다. 농장 안에 전문 디자이너를 따로 둘 정도다. 좋은 품질의 믿을 수 있는 식품이라는 이미지에 독특하고 예쁜 디자인이 더해져 상품 가치를 높이고, 농장 수익에 큰 영향을 미치고 있다.

모쿠모쿠 농장은 농장형 테마파크라는 콘셉트를 가졌지만 사실 이곳에서 벌어지는 이벤트들은 우리가 흔히 보는 테마파크의 이벤트에 비하면 아주 소소한 것들이다. 돼지들이 사육사의 말에 따라 조그만 바퀴를 굴리고 작은 장애물을 넘는 모습을 보여 주는 수준이다. 때로는 돼지들이 사육사의 말을 끝까지 듣지 않고 장애물을 넘지 않아 관람객에게 웃음을 주기도 한다. 하지만 이러한 소소함이 농장에서 하루를 보내는 가족들에게는 큰 매력으로 작용한다. 돼지가 장애물을 귀찮아하며 자기 멋대로 우리에 들어가 버리는 쇼

◆ 모쿠모쿠 농장 내부 매장의 모습. 소비자들에게 신뢰를 주고 더 친근하게 다가가기 위해
상품의 디자인과 포장에 공을 들였다.

는 완성도가 낮을지언정 아이들에게 좋은 추억이 되기에는 충분하

다. 그밖에 아빠와 직접 소시지를 만들어서 먹는다거나, 아침 일찍

◆ 모쿠모쿠 농장의 마스코트나 다름없는 돼지의 공연 모습.

농장에서 우유를 짜고 치즈를 만들고 엄마와 쿠키를 굽는 체험 활
동은 아이들에게 큰 즐거움을, 농장에는 수익을 안겨 준다. 굳이 큰
비용을 들여 엄청난 시설을 짓지 않더라도 농업과 고객 성향을 잘
이해하고 그에 따라 창의적이고 효율적인 프로그램들을 기획한다
면 충분히 6차 산업의 가치를 만들어 낼 수 있음을 모쿠모쿠 농장
이 증명하고 있다.

직원과 지역이 함께 성장해야 한다

모쿠모쿠의 모든 아이디어는 직원들에게서 나온다. 농장에서 일하는 직원 1000여 명 가운데 지분을 가진 정규 직원이 130명가량인데, 이들은 투표를 통해 농장 경영에 참여하고 대표이사의 선임에도 영향력을 미치며 농장의 수익에 대한 배분도 받을 수 있다. 이들을 제외한 나머지 직원은 대부분 지역 주민이며 계약직이나 시간제 직원으로 일하고 있다. 농장 직원의 70퍼센트가 여성인 점도 큰 특징이다. 이는 모쿠모쿠 농장의 주 고객이 자녀를 둔 여성이라는 점을 감안하면 농장이 성공적으로 운영되는 데 큰 영향을 미치는 요소라 할 수 있다. 여성의 눈높이에서 전략을 세우고 정확한 마케팅 포인트를 잡을 수 있기 때문이다.

모쿠모쿠 농장은 일본에서 지역 경제를 활성화한 농촌 공동체 상생의 좋은 사례로도 꼽힌다. 우리 농촌도 노령화와 공동화 문제로 활기를 잃어 가는 곳이 많은데 모쿠모쿠의 사례는 단지 농업의 경쟁력을 높이는 문제뿐 아니라 지역과의 연대를 강화하는 부분에서도 배울 점이 많다.

모쿠모쿠 농장은 뚜렷한 핵심 가치를 가지고 있다. '민주적이고 활기찬 조직 문화를 기반으로 인근 지역과 함께 환경을 지키며, 안전하고 좋은 먹거리와 체험들을 고객에게 제공한다'는 것이다. 이 같은 핵심 가치는 농장 요소요소에 녹아 있다. 우선 직원이 직접 경영에 참여하고 모쿠모쿠를 방문하는 고객들이나 회원들이 언제든

◆ 모쿠모쿠 농장 내부의 농산물 매장. 농산물 대부분은 지역 주민과 농장 회원인 '모쿠모쿠 팬클럽'이 구매한다.

사장에게 의견을 직접 낼 수 있다. 농장은 이를 검토하고 반영하는데 이는 유동적이고 활기찬 소통 문화의 밑거름이다. 또한 직원 모두가 인근 지역에 거주하며 지역 농민들과 협력해 작물을 재배하고 상품을 가공·판매한다.

농장의 모든 작물은 친환경 기준을 맞춰 재배되고, 농장의 모든 숙박 시설과 식당 등에서는 일회용품이나 플라스틱을 거의 사용하지 않는다. 수백만 명의 관광객이 찾는 식당과 상점에서 일회용품이나 비닐 봉투를 사용하지 않는 것은 환경 보호를 위해 많은 추가 비용과 수고를 감내하겠다는 회사와 직원의 의지가 있어야 가능한 일이다.

모쿠모쿠는 이처럼 함께 성장하는 기쁨이 있는 농장이다. 기업과 직원이 함께 성장하고, 농장과 지역 공동체가 함께 발전한다. 자치 단체는 물론 수만 명의 '팬클럽'과 함께 농장을 키워 왔다. 일종의 농장 회원인 '모쿠모쿠 팬클럽'은 5만 명이 넘는데 이들은 입회금 2000엔(약 2만 1000원)을 내고 회원가로 모쿠모쿠 농장을 이용하거나 제품을 구매할 수 있다. 농장에서 초과 생산되는 농산물이 생길 때도 팬클럽에 이를 알리면 곧바로 소비된다고 하니 이보다 든든한 지원군은 없을 듯하다.

푸르메소셜팜을 비롯한 국내 여러 스마트팜과 케어팜은 모쿠모쿠 농장을 통해 지역 농민들과 함께 공동체의 가치를 높이며 많은 사람에게 사랑받는 공간이 될 수 있는 비결을 배울 수 있을 것이다.

글_ 임지영(푸르메재단 팀장)

완전 통제형 식물 공장,
오사카부립대학교 식물공장연구센터

식물 공장Plant Factory은 스마트팜의 한 형태로 토양이 없어도 얼마든 지 농작물 재배가 가능한 기술이다. 덕분에 건물이나 가정집 내, 심 지어 지하철 역사 같은 공공시설 안에도 설치될 수 있어 인도어팜 Indoor Farm이라고 불리기도 한다.

일본의 대표적인 식물 공장 연구 시설 중 한 곳인 오사카부립대 학교의 식물공장연구센터를 찾았다. 유난히 좋은 날씨 속에 캠퍼 스의 젊음과 싱그러움을 느끼며 센터에 도착하자 2명의 연구원이 우리를 기다리고 있었다. 식물공장연구센터는 일본 농림수산성과 경제산업성의 지원을 받아 2011년에 발족한 연구 시설이나. 오사 카부립대학교 부지에 총 3개 동으로 구성됐으며 별도의 기업체인 'Espec Mic'가 연구 용역을 진행하는 형태로 운영된다. 우리를 안

◆ 오사카부립대학교 식물공장연구센터 전경.

내하는 연구원 2명도 이 기업체의 소속인데 이곳에서 연구를 진행하고 있다.

주요 사업은 식물 재배 시스템을 연구해 보급하는 것이며 완전 통제형 식물 공장에서 작물의 최적 환경을 구축하는 것이 목적이라고 했다. 기본적으로 LED 광원과 온습도를 조절해 작물을 재배하는 연구를 하며, 아쿠아포닉스와 같은 환경 친화적인 농법까지 다양한 연구를 진행하고 있었다.

◆ 두 연구원이 이곳에서 연구하고 있는 LED 광원 식물 재배 시스템에 대해 설명하고 있다.

미세한 환경 변화에 따른 작물의 변화 연구

일본은 식물 공장이라는 차세대 농업 기법에 대해 가장 활발하게 연구하고 사업화까지 성공한 나라다. 최근 몇 년 사이에 일본 정부의 적극적인 R&D 투자에 힘입어 전국 각지에 대형 식물 공장을 바탕으로 비즈니스 모델을 구축한 기업이 생겨났다. 심지어 몇몇 기업은 안정적인 수익 구조까지 창출해 그 규모를 늘려가고 있다고 하니, 일본 내에서는 농업의 미래로 식물 공장에 대한 기대가 높을 수밖에 없다. 이곳 또한 식물 공장에 대한 연구를 위해 마치 반도체 연구 센터와 같이 최첨단 연구 시설과 설비를 갖추고 있다. 그 때문인지 우리를 안내하는 연구원들에게서 강한 자부심이 느껴졌다.

　총 3동으로 구성된 연구 시설 중 먼저 환경 제어에 따른 작물의 재배 환경을 연구하는 C20동을 둘러보았다. 연구실에는 각종 최첨단 장비들이 구비돼 있었는데, 다양한 환경 변화에 따라 작물이 변화하는 수치들을 세밀하게 분석하고 있었다. 푸르메소셜팜 사업을 초기 기획할 당시, 발전된 미래 식량 산업으로 식물 공장에 대해서 매우 인상 깊게 살펴본 적이 있다. 국내의 몇몇 식물 공장을 견학할 기회가 있었는데 대부분 LED 광원에 대한 연구 및 실험 재배에만 몰두해 있었다. 반면에 이곳은 LED 광원 외에도 풍향과 풍속, 물의 온도 등 환경의 미세한 변화에 따른 작물의 변화를 연구한다는 것이 놀라웠다.

농업의 불확실성을 제거하는 종합 컨설팅

C20동이 연구의 목적을 두고 있다면 C21동과 C22동은 실제로 작물을 재배하는 시설을 구축하여 연구하는 공간이다. C21동은 재배 방식별, 작물별, 환경별로 각각 작물을 재배할 수 있는 공간을 구분하여 운영하고 있었다. 우리를 안내해 준 연구원 스즈키 씨는 이런 데이터를 기반으로 이곳을 찾는 여러 기업이나 단체에게 식물 공장에 대한 종합 컨설팅을 제공한다고 했다. 때로는 공동으로 시범 재배해 기업의 실패 가능성을 줄여 준다. 농업이 가지는 가장 큰 리스

누구나 일하고 싶은 농장을 만듭니다

크가 '불확실성'이라는 점에서 이런 지원 방안은 국내에도 적용했으면 좋겠다는 생각이 들었다.

작은 실험실 단위의 C21동의 안내를 빠르게 마친 두 연구원은 상기된 표정으로 우리를 C22동으로 이끌었다. C22동은 그야말로 양산형 식물 공장을 구축하여 운영 중인 대규모 작물 농장이었다. 약 400평 공간에서 층별로 수많은 LED 광원이 트레이 위의 작물들을 비추었다. 건물 2층 높이까지 트레이가 빼곡하게 채워져 있었는데, 식물 '공장'이란 단어와 너무 잘 어울리는 모습이었다. 그곳은 사람이 들어가지 못할 정도로 여유 공간 없이 작물이 자라고 있었고, 좁은 틈 사이로 자동화 로봇이 작물 트레이를 1층의 작업자들에게 끊임없이 가져다줬다. 작업자들은 로봇이 가져다준 트레이 속 작물을 꺼내 세척하고 다듬어 포장하는 일만 하면 그만이었다. 농업은 자연과 사람이 하는 일이라는 선입견 탓인지 그 모습이 조금 이질적으로 다가왔다.

C22동에서 재배하는 작물은 주로 양상추였는데 시중에서 보는 것보다 조금 작고 힘없어 보였고 결정적으로 '결구'가 되지 않았다. 양상추가 공처럼 동그랗게 겹겹이 싸이지 않고 헐렁한 상태로 자랐다는 얘기다. 국내에서는 양상추와 같은 상추류를 재배할 때 결구 여부가 상품성에 많은 영향을 준다. 결구가 되지 않으면 상품 가치가 낮은 것으로 본다. 함께 연수를 갔던 우영농원의 장춘순 여사는 "예전에 식물 공장을 운영한 적이 있는데 당시 재배한 양상추가 결국 결구가 되지 않아 제값을 받지 못했다"고 경험담을 털어놓았다.

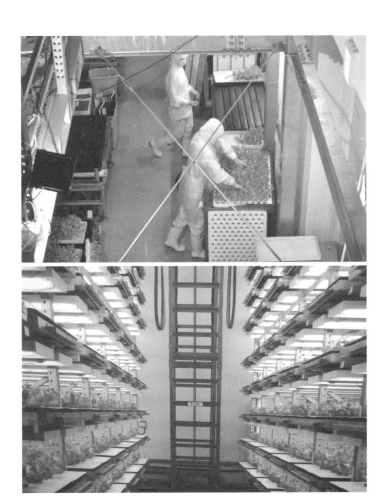

◆ 양상추를 대량 생산하고 있는 C22동 내부 모습. 그야말로 '식물 공장'이라는 표현이 잘 어울리는 공간이다.

연구원들에게 물어보니 일본에서는 무게에 따라 양상추 가격을 매겨 결구 여부는 상관이 없단다.

누구나 일하고 싶은 농장을 만듭니다

◆ 식물 공장에서 재배된 판매용 양상추. 이곳에서는 결구 여부와 상관없이 무게에 따라 가격이 매겨진다.

식물 공장에서 자란 작물들은 일반적으로 태양이 아닌 인공광의 영향 때문인지 일반 작물보다 조금 무른 편이고 좋게 표현하자면 더 부드러웠다. 이 때문에 노인이나 억세지 않은 채소 섭취가 필요한 환자들에게 좋은 반응을 얻고 있다는 기사도 본 적 있다. 하지만 식물 공장의 대중성을 위해서는 결국 일반 시민에게 많이 판매되어야 하는데, 대다수에게는 낯선 식감이기 때문에 안정적인 판로 구축의 어려움을 안고 있는 것이 사실이다. 다행히 일본에서는 식물 공장에서 자란 작물에 대해 친환경 이미지가 더해져 소비자들이 긍정적으로 생각하는 추세이고, 이곳의 양상추도 좋은 평가를 받고 있다고 한다.

기후 변화와 식량 부족 문제를 대비하다

오사카부립대학교의 식물공장연구센터에서 우리는 일본이 가지고 있는 미래에 대한 비전과 기대를 엿볼 수 있었다. 유명 대학교의 건물 3동과 그 안의 첨단 설비들, 그리고 매년 지출되는 연구비까지 이 기관을 운영하기 위해 엄청난 예산이 투입되었고 앞으로도 투자가 계속될 것이다. 하지만 일본 정부는 이런 막대한 지원을 20~30년 후의 미래에 대한 투자라 생각하고 있다. WTO는 세계적인 식량 부족 문제를 시급한 선결 과제에 포함시켰고, 이상 기온과 예측 불가한 기후 변화는 작물 재배 환경의 안정성을 지속적으로 위협하고 있다. 이런 배경에서 식물 공장은 미래 식량 산업의 훌륭한 대안이 될 수 있을지 모른다. 당장은 투입 대비 성과가 미비할지 몰라도 다가올 위기에 대비하고자 하는 마음가짐에서 출발한 장기적 관점의 투자인 것이다. 그에 반해 국내에서는 식물 공장에 대한 연구는 농촌진흥청을 중심으로 진행되고 있지만 사업성이 낮아일반 농가의 비즈니스로 연결되지 않기 때문에 그 동력이 약해지고 있는 게 현실이다.

현재의 식물 공장은 단위 면적당 엄청난 생산량을 담보할 수 있을 정도로 기술이 발전했다. 식물의 생장에 필요한 에너지는 LED 인공광과 양액으로 공급하고 심지어 겨울에는 춥지 않게, 여름에는 덥지 않게 관리해 준다. 병충해도 방지하고 미세 먼지에도 노출되지 않으니, 어쩌면 자연에서 자란 작물보다 과학적으로는 더 완벽

함을 겸비한 작물이 될지도 모른다. 물론 어떤 소비자는 완벽하게 통제되는 실내 공간이 아닌 자연에서 방목해 자란 가축들을 선호하는 것처럼, 식물 또한 자연에서 성장하지 않은 것에 대한 반감이 드러날 수도 있다. 그렇기 때문에 미래 농업은 인간만을 위한 연구가 아닌, '식물'과 '자연'이 공존하여 살아갈 수 있는 환경을 만들어 내기 위한 지구의 공동체적인 사고가 전제되어야 할 것이다.

글_ 김해승(전 푸르메재단 대리)

지역 사회와의 상생을 주도하는
일본의 기업들

일본은 우리나라보다 앞서 고령화가 진행된 나라다. 농촌의 경우 고령화에 따른 인구 감소가 더 두드러지게 나타나 땅이 있어도 일손이 부족해 경작을 못 하는 사례가 늘고 있다. 이처럼 농촌 경제가 급격히 침체하면서 농촌의 일자리는 더 줄어들었고, 장애인을 위한 일자리는 말할 것도 없이 부족해졌다. 이에 따라 일본의 자치 단체들과 사회 복지 법인들은 장애인 일자리와 자립을 위한 대안으로 농업 분야의 특례 자회사를 속속 만들어 장애인 고용을 확대하고 있다. 농업을 기반으로 한 장애인 특례 자회사의 등장은 일할 사람이 없어 놀고 있는 농촌 땅도 활용하고 장애인들을 위한 일자리도 확보할 수 있는 일석이조의 효과를 거두고 있어 일본 전역으로 확장되는 추세다.

일본에서 '농복연계'라고 불리는 이 같은 사회적 농업의 형태는 2006년에 기업 투자 장애인 복지 시설 제1호가 등장하며 본격적으로 시작되었다. 이후 10년간 지역마다 영리 기업과 협동조합이 사회 공헌 활동(CSR)의 일환으로 장애인 복지 시설을 설립하는 사례가 꾸준히 늘고 있다. 2016년 기준, 농업과 연계된 장애인 고용 특례 자회사의 숫자는 36개에 달한다. 설립 초기에는 단독으로 운영하는 특례 자회사가 많았지만 점차 주변 농민, 장애인 복지 시설과의 네트워크와 협력 관계가 강화되면서 지역 농업에도 기여하는 사례가 늘고 있다.

출자한 기업에서 소비까지 책임지는 구신팜 메무로

홋카이도 메무로초에 있는 구신팜에는 2017년 기준 지적 장애인 17명, 정신 장애인 3명으로 총 20명의 장애인이 근무하고 있다. 구신팜은 반찬용 채소의 재배와 소매를 하는 주식 회사 쿡참 등 3개 회사가 출자해 2012년에 설립한 기업으로 발달 장애인의 영농 훈련과 일자리 창출을 위해 만들어졌다. 지역의 장애인 수에 비해 일자리가 너무 적은 것을 우려한 홋카이도 메무로초 지역 정부의 적극적인 노력으로 장애인 일자리에 전문성이 있는 (주)에프피코의 특례 자회사 (주)에프피코닥스와 협의하고 협력 기업인 쿡참 등이 함께 출자하여 구신팜을 설립했다.

◆ 도내 톱클래스의 수확량을 자랑하는 메무로초. 마을 중심부에서 차로 20분 정도 달리면 구신팜 메무로의 아라시야마 공장이 나온다.

구신팜에서는 장애인 직원들이 지역 특산 채소인 감자 등을 재배하고 동시에 1차 가공 업무를 함께 맡고 있다. 반찬을 만들어 일본 전역의 자사 매장에 공급하는 도시락 전문 기업인 쿡찬이 판매처인 도시락 회사의 요구에 맞게 작물을 세척하고 절단해 공급하면서 단순 농업에 비해 고부가 가치를 실현하고 있다. 구신팜에서는 일정한 크기로 자른 감자를 소분해 진공 포장한 후 가열해 냉동하거나 냉장 보관한 것을 쿡찬으로 배송해 판매한다. 감자의 1차 가공은 모두 수작업으로 이뤄진다. 반복 작업에서 효율성을 발휘하기 쉬운 지적 장애인의 특성에 적합한 업무다. 이렇게 1차 가공 후 공급하

◆ 감자 가공 작업을 하고 있는 장애인 직원들. 공장의 위생은 항상 잘 관리되고 있다.

면 가공하지 않은 작물을 판매하는 것보다 몇 배의 이익을 창출할 수 있다.

더욱 의미 있는 것은 쿡참에 납품할 다른 채소의 경우, 구신팜에서 재배한 것이 아니더라도 지역 농민의 작물을 구입하여 재가공해 납품하기도 한다는 점이다. 구매자인 기업 입장에서는 더욱 안정적으로 납품을 받을 수 있고, 지역 농민 입장에서는 구신팜을 통해 판로를 확대할 수 있어 모두에게 이익이 되는 모델로 자리 잡았다. 구신팜은 현재 생산에서 판매까지의 프로세스를 안정적으로 구축했지만 사업 초기에는 영농 기술의 확보가 최대 과제였다. 구신팜은 지역 내 농업 전문 인력을 적극적으로 활용하는 방법을 택했다. 지역의 은퇴한 영농 지도사이자 그 지역에서 오랫동안 농사를 지어 왔던 은퇴한 농부 3명을 서포터로 고용한 것이다. 덕분에 홋카이도에서 영농 경험이 없음에도 불구하고 첫해부터 농업 생산을 정상 궤도에 올려놓을 수 있었다.

지역 생협 유통망으로 판로를 구축한 하트랜드 히로시마

히로시마 생활협동조합(생협)은 히로시마현의 8개 시에서 출장소 17개와 점포 9개를 운영하는, 지역에서 가장 큰 소비자 네트워크 중 하나다. 2010년 농업을 통해 장애인 일자리를 마련하겠다는 목적으로 ㈜하트랜드 히로시마를 설립했고, 2011년부터 흙 대신 배지나 배양액을 사용해 재배하는 시설 양액 재배를 시작했다.

생협의 특성상 먹거리에 대한 안전 기준이 높은 편이라 하트랜드 히로시마에서 재배하는 작물들도 필드 양액 재배와 시설 재배를 통해 균일한 품질과 안전성을 확보하고 있다. 2600제곱미터(약 800평)의 온실에서 시금치 등 다양한 채소를 재배하고 있으며, 노지 1.4헥타르(약 4200평)에서 고구마, 토란, 대파 등을 재배한다. 1750제곱미터(약 530평) 규모의 하우스에서는 방울토마토, 무, 순무 등을 키운다. 현재 19명의 장애인(지적 장애인 18명, 정신 장애인 1명)이 일하고 있는데 이 중 히로시마쵸에 거주하는 사람은 4명, 나머지는 히로시

◆ 흙 대신 양액으로 작물을 재배하는 하트랜드 히로시마의 수경 재배 시스템.

마시에서 JR로 통근하거나 가까운 역에서 농장까지 자사의 통근 버스로 환승하고 있다. 이는 현지에서 장애인 직원의 확보가 어려워도 대중교통으로 접근이 가능하다면 도심과 거리가 좀 떨어져 있어도 장애인 작업장 운영이 가능하다는 것을 보여 주는 좋은 사례다. 이곳은 최저 임금을 준수하고 있으며 월평균 약 10만 엔(약 108만 원) 수준이다.

주요 판로는 히로시마 생협의 택배 전용 전단지를 통한 온라인 판매이며, 수확한 작물들은 한정 수량으로 실시간 판매한다. 재고

가 남을 경우에는 직접 직원들에게 판매하기도 하고, 조금 흠집이 있거나 멍이 든 못난이 채소는 가공업자에게 파는 등 다양한 판로 확보를 위해 노력하고 있다. 최신 기술 적용 및 규모 확대, 안정적 판로 확보 덕분에 2015년에는 1980만 엔(약 2억 1000만 원)의 매출을 기록하고 설립 6년 만에 흑자로 돌아섰다. 현재는 지역 생협과 장애인 복지의 우수한 결합 사례로 전국 각지의 생협에서 견학 신청이 줄을 잇고 있다.

'장애인 생산'을 브랜드 가치에 활용한 아스타네

일본 내 장애인의 취직·전직 서비스 사업을 하는 ㈜제너럴파트너는 설립한 지 14년이 된 중견 업체로 연간 700~800명의 장애인 취업 실적을 올리고 있다. 그러나 공공 지원이 아닌 유료 민간 서비스의 특성상 취업 알선 서비스 대상이 경증 장애인에게 한정돼 있다. 이와 같은 한계를 극복하고 장애인 취업 서비스 대상을 확대하기 위해 장애 종류에 따른 취업 지원 사업을 실시하는 사업소를 2012년부터 잇따라 설립했는데 현실적으로 중증 발달 장애인은 일반 기업에 취업이 어려운 경우가 대부분이었다. 그들에게도 기회를 주고 싶었던 제너럴파트너는 2015년 사이타마현 사이타마시에 아스타네를 설립했다.

아스타네에서는 중증 발달 장애인을 고용해 표고버섯 균상 재배

◆ 중증 발달 장애인을 위한 취업 지원 사업소인 아스타네의 전경.

와 팩 포장을 진행하고 있다. 향후 단계적으로 생산 관리 및 거래처와의 협의, 현장 관리까지 점차 업무의 훈련 범위를 넓혀 농업과 관련한 사업 전반을 장애인이 담당할 수 있도록 하는 것을 목표로 한다. 현재 근무하고 있는 발달 장애인은 24명(자폐 12명, 조현병 7명, 기타 5명)이며 안정적인 생산 프로세스가 확보되면 재배 용지를 확대하고 고용을 늘릴 계획이다. 채소 유통 전문 컨설팅을 통해 생산한 버섯은 인근 백화점 및 마트에 납품한다. '아스타네키친'이라는 브랜드도 만들었다. 로고 및 도장 디자인에도 공을 들이고 "아스타네키친은 장애인 고용 문제의 해결에 노력하고 있습니다"라는 문구를 함께 넣어 가치 소비를 유도한다.

아직 사업 초기 단계로 버섯의 생산량이 일정치 않지만 생산이 안정되고 매출이 흑자로 돌아서면 일본 전역에 네트워크가 있는 제

◆ 표고버섯 생산 작업을 하고 있는 장애인 직원들의 모습.

◆ 아스타네키친 브랜드를 통해 더 원활한 판매와 인지도 상승을 꾀하고 있다.

너럴파트너의 네트워크를 활용해 다른 지역으로도 규모를 확장하고 다른 복지 사업소나 장애인 고용 기업에 노하우를 전수하는 등 발달 장애인의 고용을 확대한다는 계획을 세우고 있다. 최근에는 지역 내에서 아스타네의 판로를 통해 지역의 다른 장애인 복지 시설의 농산물도 공동 출하하는 것을 검토하고 있으며 이를 위해 '아스타네키친'이라는 브랜드의 인지도를 높일 다양한 홍보 방법을 고민하고 있다.

철저한 데이터 관리로 지역 신뢰를 확보한 희나리

IT 기업인 (주)이토츄 테크노솔루션즈를 모기업으로 둔 (주)희나리의 경우 직접 재배를 하는 대신 농업과 관련된 부대 업무를 지역의 여러 농가에서 하청받는 것으로 장애인 일자리를 만들었다. 이는 일손이 필요한 농가에 노동력을 제공하고 장애인은 일자리를 얻을 수 있어 서로 상생할 방법으로 주목받고 있다.

초기에는 지역 대다수의 농가에서 '과연 장애인이 잘할 수 있을까' 의구심을 보였으나 점차 장애인에게 일감을 주는 농가 수가 순조롭게 확대되며 20여 명의 장애인을 고용하고 8곳의 농가에서 수확, 정식 출하 조정 등의 농사일을 맡고 있다. 특히 IT 기업답게 철저한 품질 데이터 관리로 농가의 큰 신뢰를 한 몸에 얻고 있다. 희나리에 작업을 위탁하고 있는 농가에서는 "희나리 덕분에 경작 규

◆ 토마토 재배 작업을 하고 있는 장애인 직원들. 희나리는 모회사가 IT 기업인 강점을 살려 품질 데이터를 철저하게 관리한다.

모를 확대할 수 있게 됐다"는 반응을 보여 지역 농가의 경영 개선에 크게 기여하고 있는 것으로 나타났다.

농복연계의 핵심은 판로 개척과 지역 상생

현재 일본에서는 장애인 일자리로서 농업 분야를 확대하기 위한 다양한 시도가 이뤄지고 있으며 상당한 성과를 거두고 있다. 기업과 장애인 복지 시설과의 연계를 통해, 혹은 기업의 사회 공헌 활동의 하나로, 때로는 지자체가 직접 나서서 지역 사회와 장애인을 연결해 주는 것이다. 특히 일본에서도 한계에 다다른 농촌의 노령화와 공동화 문제를 해결하는 대안이 되고 있다는 점은 우리 농촌에서도 주목할 만하다.

흔히 농업은 초기에 큰 투자 없이 어렵지 않게 시작할 수 있다고 생각하기 쉽지만 작물을 잘 재배하고 판로를 개척하는 것은 베테랑 농부에게도 쉽지 않은 일이다. 더구나 장애인 직원을 고용하여 농업에서 좋은 성과를 올린다는 것은 지역 농민과 지역 자치 단체와의 긴밀한 협조 없이는 어려운 일일 수밖에 없다. 일본의 사회적 농업 모델 역시 일찌감치 이런 한계를 인지하고 지역 정부 및 지역 생협이나 지역 농협과의 제휴를 통해 비즈니스 모델을 진화시키고 있다. 처음 농복연계 기업이 시도된 이래 10여 년이 지난 지금은 흑자로 돌아선 회사도 많다.

아직까지는 농업 특례 자회사의 효용성이 지속 가능한 장애인 일자리 확보 정도에 그치지만 전문가들은 운영 주체들의 농업 노하우가 축적된다면 장기적으로 농촌 지역의 경제 활성화에도 크게 기여할 것으로 내다보고 있다. 적자를 벗어나며 나름 성공적인 운영이라는 평가를 받은 일본의 사례들에는 공통점이 있다. 기업과 지역의 협동조합이 운영 주체 및 적극적인 지지자가 되어 그들의 네트워크를 통해 안정적인 매출을 올릴 수 있는 독자적 판로를 확보하고 있다는 점이다. 또한 지자체의 적극적인 지원으로 지역의 농업과 밀접한 관계를 맺고 상생하며 지역 사회와 한데 어우러진 것이 매출 확대에 지대한 영향을 미쳤다.

발달 장애인의 일터가 될 푸르메소셜팜 역시 지역 농민과 자치단체, 기업과의 협력이 필수적인 사회적 농업의 모델이라는 점에서 일본의 사례는 우리에게 많은 깨달음을 준다. 지자체의 부지 지원과 기업의 사회 공헌 기금, 여기에 기적 같은 시민들의 힘이 보태진다면 장애인 자립과 일자리 창출에 있어 기존의 많은 문제점을 극복하는 새로운 사례를 만들 수 있다. 일본보다 더 빠른 속도로 고령화 및 인구 과소화가 진행되는 우리나라에서 사회적 농업은 농촌을 활성화하는 대안이 될 것이다. 또한 그곳에서 일하는 장애 청년들은 지역 농민들에게 없어서는 안 될 중요한 지역 사회의 일원으로 거듭날 것이다.

글_ 지화정(푸르메재단 간사)

3부

농업을 통한 재활과 치유,
유럽의 케어팜을 가다

모든 장애인이 일할 수 있는
독일과 스위스의 케어팜

국내에서 발달 장애 자녀를 키우는 부모들은 사회적 인식의 높은 벽 앞에서 좌절의 순간을 수없이 겪는다. 자녀의 장애를 처음 알게 되었을 때 가장 큰 절망을 겪는다면, 자녀가 고등학교를 졸업하는 순간에는 도저히 넘을 수 없는 벽 앞에 선 것 같은 막막함을 느낀다고 한다. 발달 장애 자녀들은 성인이 되는 순간 갈 데 없이 집이라는 감옥에 갇혀 사회와 단절된 삶을 살게 되는 것이다. 이는 우리나라의 길거리에서 장애인들을 쉽게 만날 수 없는 이유이기도 하다.

복지 선진국 유럽은 우리와 무엇이 다르기에 장애인 천국이라고 일컬어지는 것일까? '독일과 스위스의 농업 중심 장애인 교육과 직업 공동체 기관 연수'를 통해 그들의 저력을 조금이나마 엿볼 수 있었다. 그중 가장 인상적이었던 것은 발달 장애인들이 행복하게 일

누구나 일하고 싶은 농장을 만듭니다

하고 있는 모습이었다. 이들 국가에는 2가지 공통점이 있었다.

장애 특성별 맞춤형 환경을 조성하다

"이곳에서는 모든 장애인이 일할 수 있습니다. 우리는 그 사람이 할 수 있는 일을 찾아 잘할 수 있는 환경을 만들어 줍니다."

첫날 하일브론 보호 작업장Beschuetzende Werkstätte von Heilbronn에서 만난 공장장의 설명이다. 2년의 직업 훈련 과정을 거친다는 말도 덧붙였다. 훈련 후 작업에 배치되지 못한 이가 몇 명인지 묻자 "그런 경우는 거의 없다"는 대답이 돌아왔다. 어떻게든 그 사람이 할 수 있는 일을 찾아 최적의 배치를 하고 있기 때문이다. "장애는 본인이 원한 것이 아니에요. 그로 인해 생산력이 낮아도 그들은 자신의 상황에서 최선을 다했기 때문에 성과에 상관없이 그 노력(노동)을 인정해 줘야 합니다. 그들에게는 작업장에 있는 것만으로도 노동하는 것이나 마찬가지예요."

한국에서는 많은 발달 장애인이 직업 훈련을 마친 후에도 업무에 배치되지 못하는 경우가 많다. 그들의 취업 가부가 일반인의 기준에 맞춰져 있기 때문이다. 함께 일했을 때 비장애 직원이 불편해하지 않아야 한다는 것, 장애 특성이 거의 나타나지 않아야 한다는 것을 척도로 한다. 이 지점에서 사회적 약자에 대한 인식의 차이가 명확히 드러난다. 독일 정부가 시행하는 장애인 정책의 기반에는 '효

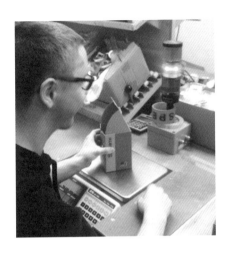

◆ 적정 무게를 올리면 녹색, 무게가 부족하면 주황색, 초과하면 빨간색 불빛이 켜지는 저울을 활용하고 있는 장애인 근로자.

율성'이라는 가치가 있다. 장애인을 낮 동안 보호Care하는 사회적 비용보다 장애인 일자리를 마련하는 것이 더 생산적이라는 것이다. 규칙적인 생활 패턴이 형성되어 보통의 사람들과 마찬가지의 일상을 누릴 수 있다는 것이 가장 큰 효과다.

대부분의 독일 작업장들은 각자의 신체적·인지적 조건에 맞게 장비를 개발하고 작업 과정을 세분화해 각자에게 최적의 업무 환경을 조성하기 위해 힘쓰고 있다. 저울의 숫자를 읽지 못하는 장애인에게는 적정한 물건 양을 올려놓으면 녹색등이 켜지는 저울을 제공하고, 소리에 민감한 장애인에게는 헤드셋을 지원한다. 목공 작업을 하는 장애인에게는 크기나 길이를 쉽게 측정할 수 있도록 기계에 일정한 틀이나 보조 장치를 설치해 줬다. 한 손만 사용할 수 있는 장애인에게는 그에 맞는 장비가 마련되어 있고, 심리적으로 불

◆ 하일브론 보호 작업장의 장애인 직원들은 보조 장치가 설치된 작업대나 사진, 장난감으로 꾸민 작업대에서 일하고 있었다.

안한 장애인의 작업대는 장난감과 사진으로 장식되어 있다. 독일의 보호 작업장들은 장애인을 과소평가하지 않았다. 그들의 특성에 맞는 환경이 갖춰져 있다면 각자의 역량을 충분히 발휘할 수 있다고 보았다. 회사의 한 일원으로 인정받고 있는 그곳이 그들에게는 가장 행복한 일터였다.

다양한 업무 개발로 각자의 역할을 부여하다

독일과 스위스의 장애인 농업 공동체에서 만난 발달 장애인들은 대체로 대근육(신체의 목, 팔, 다리 등 사지와 관련한 근육)을 사용하는 데 어려움이 없었다. 농산물이 주 생산품이지만 상품 라벨 제작, 포장, 판매, 청소, 서비스, 사무 등 업무의 종류는 다양했다. 각자의 흥미와 특성에 따른 업무를 수행하고 있는 그들의 표정은 매우 밝았다. 정부는 치유 농업이나 사회적 농업으로 가치를 부여하고 농업 활동뿐 아니라 교육, 치료, 서비스, 관광 등 다양한 분야의 활동을 지원했다.

2000년대 들어 치유 농업은 유럽의 이슈로 떠올랐다. 현재 유럽 전역에서 3000여 개 이상의 치유 농장이 운영되고 있다. 고도의 산업화 시대를 살아가는 사람들에게 치유와 힐링은 무엇보다 중요한 주제다. 정신적·육체적으로 지친 나를 치유하고 새로운 에너지를 충전하는 데 있어 자연은 중요한 역할을 한다. 특히 발달 장애인에게 치유 농업의 효과는 매우 높다.

스위스 후마누스하우스Humanus-Haus 농장의 운영 팀장은 발달 장애인이 보이는 과격한 행동들을 우리가 생각하는 공격성의 측면에서 이해하는 것은 억지가 있다고 설명했다. "사람은 누구든 에너지를 모을 때가 있고 발산할 때가 있어요. 다만 발달 장애인들은 말이나 다른 방식으로 표현하는 것이 미숙하기 때문에 왜곡해 발산하는 것이죠. 그런 경우 그들이 처한 환경을 우선 점검해 봐야 합니다. 자연 친화적 환경에서의 농업 활동은 발달 장애인들이 에너지를 건강하게 발산하는 데 효과적이기 때문에 일자리 복지의 대안으로 각광받고 있습니다."

◆ 독일 리베나우 재단에서 근무하고 있는 장애인 직원들. 포장, 판매, 청소, 서비스 등 직무의 종류는 다양했다.

우리나라에서도 사회적 농업의 필요성을 인지하고 문재인 정부의 100대 국정 과제에 포함되는 등 사회적으로 관심이 높아지는 추세이지만 정부의 지원 정책이나 국민의 인식 등 아직 숙제가 많다. 기존에는 장애인을 보호의 대상으로 여겨 실질적인 경제 활동이 아닌 소일거리 수준의 일자리를 제공해 왔다. 능력과 특성에 상관없이 주어진 업무도 한정되어 있어 다양한 활동의 가능성이 배제된 환경이다. 우리나라에서도 장애인들이 지역 사회에 필요한 작물을 제공하고 고부가 가치 상품을 생산해 적극적인 경제 활동을 하며 지역 사회의 일원으로 인정받을 수 있으려면 이러한 문제점이 빨리 개선되고 그런 일터가 전국 곳곳에 들어서야 한다.

글_ 최미영(서울장애인종합복지관 사람중심서비스국장)

누구나 일하고 싶은 농장을 만듭니다

거친 청년들을 변화시킨
영국 케어팜과 자연의 힘

성인 발달 장애인의 사회적 역할 확대 방안을 고심하던 차에 영국의 발달 장애인 대상 고등 전문 학교 중 농업 중심 학교 몇 곳을 방문할 기회가 있었다. 그중 가장 인상 깊었던 곳은 학대와 결핍, 중복 장애가 있는 자폐 학생을 대상으로 하는 러스킨밀대학교Ruskin Mill College다.

자연 속으로 들어간 영국 발달 장애 청년의 변화

견학 도중 헤드폰을 쓰고 잔디를 깎는 덩치 큰 청년을 보았다. 잔디를 깎는가 싶더니 갑자기 기계를 내팽개치고 소리를 지르며 잔디밭

◆ 작업 도중 휴식을 취하고 있는 러스킨밀대학교 학생들. 자연 속에서 몸과 마음은 한결 편안해진다.

을 구르고 잔디를 잡아 뜯었다. 청년의 움직임이 매우 거칠었기 때문에 연수단 일행은 걱정스러운 시선을 보냈다. 1시간 정도 농장을 견학하고 나서 다시 잔디밭으로 왔을 때 그 청년은 매우 열심히, 또 정확하게 자신이 맡은 구역의 잔디를 깎고 있었다. 심지어 일을 다 마치고는 아주 편안한 표정으로 동료들이 있는 다른 장소로 이동했다. 1시간 전과는 전혀 다른 청년의 모습에 의아해하자 기관 관계자가 설명을 시작했다.

영국 도심의 아파트에 살던 그 청년은 공격적인 행동 때문에 이

웃에게 피해를 줄 수 있는 행동을 자제하라는 억박과 따가운 시선을 수없이 받았다고 한다. 하지만 그럴수록 자해와 타해는 점점 더 심해졌다. 결국 다른 사람과 함께하는 서비스를 이용할 수 없다는 전문가의 평가를 받아 이곳에 오게 됐다. 러스킨밀대학교를 둘러싼 자연환경은 그가 아무리 소리치고 무언가를 던지고 뛰어다녀도 탓하지 않는다. 자연은 그의 공격적인 행동에 반응하지 않을뿐더러 부정적인 자극을 주지 않는 것이다. 청년은 이런 환경 속에서 점차 자신을 인정하고 자존감을 갖게 되면서 공격성과 도전적인 행동이 감소했다. 타인과 함께할 가능성이 커지고 독립적 수행 능력도 향상됐다. 청년이 변화할 수 있었던 이유는 아마도 자연이 주는 편안함, 위안, 기쁨, 그리고 용서가 아니었을까.

장애 청년이 달라지면 가족이 행복해진다

2년 전 주간 보호 이용자 중 참기 힘든 괴성과 함께 천장에 머리가 닿을 정도로 뛰어오르는 과격한 행동을 하는 청년이 있었다. 1층에서 지른 괴성이 5층에서도 들릴 정도였다. 다른 이용자들에게 불편함을 초래하자 결국 그의 어머니는 주간 보호 서비스를 중단했다. 그의 어머니 또한 장애 자녀 양육으로 인한 심한 스트레스로 자율신경이 조절되지 않아 눈을 제대로 뜨지 못하는 상태였다. 청년을 떠나보내면서 뭐라 말할 수 없이 마음이 무거웠다.

지난해 서울시 최중증 발달 장애인의 낮 활동 시범 사업을 하면서 그 청년을 다시 만나게 됐다. 그 사업은 개별 지원 서비스였기 때문에 낮 동안 주로 근처의 숲이나 공원을 자주 산책했는데 지원 교사가 얘기하길 소리치며 뛰는 행동이 상당히 줄었다는 것이다. 개별 지원 서비스의 영향일 수도 있지만 자연이라는 환경적 영향이 긍정적 변화를 일으킨 것이라는 생각이 들었다. 개별 지원 서비스를 시작한 지 서너 개월이 지나자 청년은 물론 어머니의 표정에서도 변화가 보이기 시작했다. 장애인이 치유의 과정을 거치면서 얻게 되는 행복은 곧 가족 모두의 행복이라는 것을 또 한 번 느끼는 계기가 됐다.

장애인 일터로서의 농업의 가능성과 한계

앞선 두 사례에서 보듯 자연은 발달 장애인의 성장과 치유에 큰 영향을 준다. 즉 발달 장애인에게는 감각적 자극과 부정적 자극이 최소화된 자연과 어우러진 일자리가 필요하며, 특히 농업과 같은 활동은 날씨, 흙, 거름, 먹이 등 여러 자연적 요소와 밀접한 작업이기 때문에 자연에서의 교육은 상호 간의 관계를 이해하는 데 큰 도움이 된다.

러스킨밀대학교의 장애 청년의 경우, 예전 교육 환경에서는 실패와 부정적인 경험만을 얻었다면 자연 속에서 생활한 후 관계를 이

◆ 온실에서 작업 중인 학생의 모습. 스스로 채소와 동물을 키우는 것은 성취감과 자신감을 심어 준다.

해하는 폭이 넓어졌다. 스스로 채소와 동물을 키우고, 생산한 작물이 음식과 상품으로 완성되어 시민들에게 판매되는 마지막 과정까지 직접 눈으로 확인할 수 있다. 자신이 다른 생명에게 직접 도움을 주는 작업인 농작물 재배는 성취감, 자신감을 획득하는 데에 매우 중요하다. 그런 과정을 통해 자신을 타인에게 피해를 주는 존재, 실패한 존재, 사회에 무의미한 존재로 여기기보다는 누군가에게 필요한 존재로 인식할 수 있기 때문이다. 또 편견이 없는 동식물과의 교감은 관계에 대한 이해를 넓히고 성취감을 부여한다.

◆ 러스킨밀대학교 학생들이 직접 재배한 농산품을 판매하면서 시민들과 소통하고 있다.
이런 경험은 사회성을 높여 주는 효과가 있다.

하지만 이처럼 농업이 주는 여러 긍정적인 요인에도 불구하고 그
동안 발달 장애인의 일자리로 각광받지 못했던 데에는 이유가 있
다. 전통적인 농업에는 많은 면적의 땅이 필요하고, 투자되는 땅과
노력에 비해 더 많은 생산량을 기대하기 쉽지 않았다. 또한 감각적
으로 예민한 발달 장애인에게 수시로 변화하는 날씨와 거친 작업
환경은 부정적인 자극을 줄 가능성이 컸다. 젖은 흙의 감촉이 싫거
나 햇빛 때문에 눈이 부셔 농업에 적응하지 못한 사례도 있었다. 또
넓고 저렴한 땅이 있는 곳은 대체로 도심에서 멀리 떨어져 있다. 친

숙한 생활 환경이나 가족, 친구와 떨어져야 한다는 것은 발달 장애인이나 그 가족들이 농업 일자리를 쉽사리 선택하지 못하게 하는 요인이다.

그러나 최근 대두되고 있는 스마트팜은 일정 공간에서 최대의 생산을 꾀하므로 도심과 가까운 곳에서도 충분히 운영할 수 있다. 특히 쾌적하고 규칙적인 제어 시스템이라는 것에서 예측 가능한 상황을 좋아하는 자폐성 장애인과 단계별 단순 작동이 가능한 지적 장애인의 특성에 더욱 적합한 일자리가 될 것이다. 무엇보다 첨단 시스템을 갖춘 스마트팜은 장시간 근무가 어려운 발달 장애인의 부족한 기능을 보완해 줄 수 있다. 그들은 스트레스를 주지 않는 환경에서 행복하게 일할 기회를 얻을 수 있는 것이다.

장애인에 대한 인식과 기대가 바뀌어야 한다

발달 장애인이 생산한 것을 시민이 소비하며 함께 어우러지는 공동체를 만들기 위해 방문한 영국, 독일, 스위스의 농업 중심 발달 장애인 일자리와 공동체에는 몇 가지 공통점이 있다. 발달 장애인의 생산품 판매를 지역 사회와 국가가 적극적으로 지원한다는 점, 각자의 요구에 맞는 다양한 업무 배치를 위해 농업 생산 외에 판매와 서비스 산업이 함께 이루어진다는 점이다. 무엇보다 발달 장애인의 도전에 지역 사회의 많은 시민이 기꺼이 협력하고 응원한다. 우리

◆ 지역 시민들은 이곳의 카페, 레스토랑, 매장에서 여가를 보낸다. 이를 통해 장애 청년들과 한결 가까워질 수 있다.

나라와 비교했을 때 가장 다르고, 참 부러웠던 환경이다.

25년 동안 장애인 복지 분야에서 일하며 만났던 많은 발달 장애인은 내가 기대했던 그 이상의 역할과 모습을 보여 주었다. 하지만 아직도 발달 장애인은 지역 사회에서 한 역할을 담당하는 일원이라기보다는 일할 능력이 없는 무기력한 사람들로 평가되는 게 현실이다. 발달 장애인의 행복한 삶을 위해 무엇보다 중요한 것은 그들의 역할을 기대하는 이웃의 시선이다. 국내에서 막 날개를 펴기 시작한 사회적 농업이 발달 장애인이 가치 있는 역할을 하는 존중받는 시민의 일원이 될 수 있다는 가능성을 보여 주고, 사회 전반적으로 그 인식을 넓혀 나가는 출발선이 되기를 바란다.

글_ 최미영(서울장애인종합복지관 사람중심서비스국장)

도시형 케어팜의 정석,
후버 클라인 마리엔달 농장

네덜란드는 세계적인 농업 선진국이다. 19세기 말부터 근대화를 추진하면서 농업은 네덜란드의 대표적인 산업으로 자리를 잡았다. 현재 세계 2위의 농업 수출국이자 네덜란드 전체 수출액 중 약 20퍼센트를 농산물이 차지할 정도다. 하지만 네덜란드는 농업에 적합한 나라는 아니다. 기온은 연중 온난한 편이지만, 바람이 많이 불고 땅은 소금을 가득 품어 척박하다. 국토 면적 또한 좁다. 농업 환경이 열악한 우리나라가 네덜란드를 롤 모델로 삼는 이유가 여기에 있다. 그런데 네덜란드에는 현재 1100여 곳의 케어팜이 가동 중이다. 농업의 수익성과 사회적 가치, 이 2가지를 모두 잡은 네덜란드의 비결은 무엇일까.

상처받은 현대인을 치유하는 도시형 케어팜

알프스에서 발원한 라인강은 스위스 바젤과 프랑스 스트라스부르를 지나며 조금씩 강폭이 넓어지지만 독일 서부 마인츠 인근 로렐라이 언덕을 거치면서 장강의 웅장한 면모를 드러낸다. 유럽의 중앙을 관통하며 1300킬로미터를 달려온 거대한 강줄기는 네덜란드의 드넓은 평야 지대에 접어들면서 두 줄기로 갈라진다. 북쪽을 향한 강물이 위트레흐트와 로테르담을 거쳐 북해로 빠져나가기 전 마지막 숨을 몰아쉬는 곳이 바로 아른험이다. 아른험은 중세부터 조선업과 직물업으로 번창한 무역 중심지로 현재 네덜란드의 국가 성장을 견인하는 전자와 화학 단지로 구성돼 있다.

암스테르담에서 남동쪽을 향해 100킬로미터를 달려온 승용차가 고속도로를 벗어나자 파란 하늘 아래 붉은 벽돌집들이 사이좋게 어깨동무를 한 아른험의 모습이 눈에 들어왔다. 구불구불 휘어진 길을 따라 구릉 위에 올라서니 좁은 오솔길이 나타났다. 아름드리나무가 울창한 숲길을 지나자 '개 출입 금지'라는 큼지막한 푯말과 함께 후버 클라인 마리엔달 농장Hoeve Klein Mariendaal을 알리는 이정표가 눈에 들어왔다.

이곳은 농업 분야에 있어 세계적인 권위를 자랑하는 네덜란드 바헤닝언Wageningen 대학교의 얀 하싱크 박사가 세운 케어팜이다. 2007년 건립되었고 정신적, 신체적 장애를 가진 사람들과 치매 환자들에게 농사 체험 및 학습 프로그램을 제공하고 있다. 하싱크 박

◆ 네덜란드의 대표적인 도시형 케어팜, 후버 클라인 마리엔달 농장의 전경.

사는 우리나라의 농촌진흥청이 치유 농장을 시작하려는 사람들에게 정보를 제공하기 위해 펴낸 네덜란드 치유 농업 총서(6권)의 공동 저자로도 알려져 있다. 우리를 마중 나온 하싱크 박사는 마리엔달 농장의 현황과 네덜란드 치유 농업에 관해 상세하게 설명해 줬다. 그는 농장 설립 배경에 대해 "상처받은 도시인들이 멀지 않은 농촌에서 치유를 받을 수 있는 방안으로 도시형 케어팜을 구상하게 됐다"며 "자연 친화적인 환경에서 편안한 일을 하면서 스스로 안정감과 자존감을 가지는 것이 케어팜의 목표"라고 강조했다.

농장 이용객들은 환자가 아닌 고객이다

하싱크 박사는 2007년 바헤닝언대학교에서 18킬로미터 떨어진 아른험을 농장 지역으로 선택한 뒤 당시 환경 단체가 소유하고 있는 1만 평 부지에 마리엔달 농장을 열었다. 농장 시설이 모두 낡아 리모델링할 필요가 있었는데 'Green Activity'라는 시민 단체와 함께 모금 행사를 벌인 결과, 100만 유로(약 13억 6000만 원)를 모아 지금의 모습을 갖추게 됐다. 농장을 찾는 환자들이 늘어나면서 2014년 40만 유로(약 5억 4000만 원)를 다시 모금해 현재 사무실과 회의실 등으로 사용하고 있는 2층 목조 건물을 새로 지었다.

보통 '고객'이라면 상점이나 은행, 백화점에서 물건을 사거나 서비스를 받는 손님을 생각한다. 그런데 하싱크 박사와 대화를 나누다 보니 이곳을 찾는 사람들을 '환자'보다는 비용을 지불하는 '이용객'이나 '고객'으로 표현하는 것이 더 정확한 것 같았다. 이곳을 찾는 환자는 하루 평균 20~25명으로 지적 장애인과 치매 환자가 가장 많고 그 외에 정신 질환자, 뇌손상 환자, 장기 실업자, 학교생활에 적응하지 못한 학생들이 있다. 이들은 이곳에서 농사를 짓거나 가축을 돌본다. 우리가 환자Patient라는 단어를 사용하자 하싱크 박사는 "이곳에서는 환자라는 단어 대신 이용객이나 고객을 의미하는 '클라이언트Client'를 사용하고 있다"며 "치료 및 치유의 대상이 아니라 농장에서 제공하는 사회 서비스를 받는 이용객으로 이해해 달라"고 강조했다.

◆ 밭일을 하고 있는 농장 이용객. 이곳에서는 이들을 '환자'라고 부르지 않고 '이용객, 고객'으로 대한다.

재단 법인으로 출발한 농장은 전직 시 의원과 재무 컨설턴트, 환경 담당 전직 공무원, 국립 공원 직원 등 관련 분야 전문가들이 이사로 참여해 운영을 돕고 있다. 10명의 직원은 농업과 원예, 동물 사육 등 분야별로 담당하며 대학생과 사회 복지 전문, 지역 주민으로 구성된 자원봉사자 40명이 요리, 음악, 미술, 치매 돌봄, 정원 가꾸기 등 프로그램별로 참여한다.

이용객이 농장에서 정서적인 안정을 찾는 것이 필요하다고 느끼면 지방 정부에 케어를 신청할 수 있다. 의사 소견서를 가지고 우리의 구청이나 군청의 사회 복지 담당 직원을 찾아가면 그가 판단해 치유 농장을 배정한다고 한다. 이용료는 반나절에 35유로(약 4만 7000원)인데 지방 정부에서 직접 농장에 지불한다. 우리 정부가 건강 및 교육 분야 프로그램 비용으로 저소득층 어린이를 위해 부담하고 있는 바우처Voucher 제도와 유사한 방식이다. 네덜란드의 케어 제도는 치료가 아니라 농장에서 일상생활에 필요한 기능을 회복해 사회로 복귀하거나 자신과 같은 처지에 있는 사람들을 도울 수 있는 직업을 갖는 것을 목표로 한다.

동물들과의 교감으로 정서적 안정을 찾는다

농장 안에는 소와 양, 토끼를 키울 수 있는 작은 축사가 마련돼 있었다. 말이 보이지 않아 "어디 있느냐?"고 물었더니 낮에는 이용객들이 들판으로 데리고 나가 시간을 보낸다고 한다. 동물을 보살피면서 치유되는 동물 교감이 케어팜의 중요한 기능 중 하나라는 것이다. 농장을 둘러보는데 한 청년이 닭장 안에서 닭을 안고 있었다. 봉사자인가 궁금했는데 지적 장애를 가진 청년이었다. 그는 매일 농장에 나와 동물에게 먹이를 주고 돌보면서 정서적 안정을 찾는다고 했다. 그 얘기를 듣자 고개가 저절로 끄덕어졌다.

농장에서 가장 인상적인 것은 빈센트 반 고흐의 그림 〈일하는 농부들〉 속 인물들처럼 묵묵히 밭일을 하는 사람들이었다. 모두들 뙤

약볕 속에서 열심히 땀을 흘리고 있었는데, 쇠스랑으로 잡초를 제거하고 있었다. 이곳에서는 힘든 농사일이 가장 인기다. 하싱크 박사는 "농사일을 하면서 자신이 아직 사회적으로 필요한 존재이고 일할 능력이 있다는 것을 스스로 확신하기 때문"이라고 말한다. 초기에는 많은 사람이 밭일을 했지만 나이가 들고 점점 중증이 되면서 이곳을 찾는 70명의 이용객 중 10명 정도만 밭일을 한다. 이용객이 줄면서 개간된 밭도 조금씩 잡초밭으로 변해 갔다. 채소 및 화훼 가꾸기 등 농사뿐 아니라 요리, 음악, 미술 프로그램에는 직원 1명과 자원봉사자 2명이 이용객 7명을 돌보는 방식으로 진행되고 있다. 최근에는 동물 돌보기와 정원 가꾸기가 인기다.

만나는 사람마다 표정이 밝았다. 맑은 하늘 아래 좋아하는 일을 할 수 있다면 누가 봐도 행복하게 보일 것 같다. 갈대로 지붕을 이은 전통적인 농가 앞에서 노인 2명이 열심히 그림을 그리고 있다. 자신을 야프 담Jaap Dam이라고 소개한 노인이 미술 시간에 그린 송어 그림을 자랑스럽게 펼쳐 보였다. 그는 치매를 앓고 있는데 농장에 온 이후 사람들과 어울리면서 즐겁게 생활한단다.

이용객은 원하는 농장에서 2주간 적응 기간을 거친 뒤 3개월 단위로 케어 프로그램을 진행한다. 그 뒤 효과가 있다고 판단하면 기간을 연장할 수 있다. 그러나 적응 기간 동안 문제를 일으키거나 농장에서 적합하지 않다고 판단할 경우 이용객을 거부할 수도 있다. 농장에는 환자와 치매 노인뿐 아니라 학교생활에 적응하지 못했거나 비행을 저지른 청소년들이 주말 농장에서 지내는 스테이Stay 프

◆ 자신이 그린 물고기 그림을 들어 보이며 환하게 웃는 야프 담 씨와 하싱크 박사.

로그램을 실시하는데 농장당 1명이 배정되어 1년 동안 변화를 살펴본다. 이용객들은 출퇴근을 어떻게 할까? 처음에는 자원봉사자 2명이 셔틀버스를 운전해 이용객들의 출퇴근을 도왔지만 지금은 가족들이 승용차로 데려다주는 것이 일반적이다. 집에서 농장까지 멀지 않을 경우 콜택시를 이용할 수 있는데 이 비용 역시 지자체가 부담하고 있다.

　한참 농장에 대한 이야기를 듣던 중 갑자기 농장 앞마당이 시끄러워졌다. 들판에서 오전 일과를 마치고 온 사람들로 북적이고 있

3부 농업을 통한 재활과 치유, 유럽의 케어팜을 가다

◆ 이용객들이 겨울에 쓸 장작을 마련하고 있다. 이들은 누구 하나 빠짐없이 행복한 표정이었다.

었다. 트랙터에 매달린 수레에는 잡초가 가득했다. 밭일을 좋아하는 이용객 중 2명이 트랙터를 운전한단다. 누가 직원이고 누가 이용객인지 구별이 되지 않았는데, 다 함께 땀 흘려 일하면 됐지 굳이 구별할 필요가 없는 것이 케어팜의 장점일 것이다. 자원봉사를 하러 왔다가 이용객들과 일하는 것이 좋아 직원으로 눌러앉은 사람도 있다.

농기구와 잡초를 옮기느라 분주하게 움직이는 사람들 틈으로 나무를 자르고 있는 사람들이 보였다. 겨울에 쓸 장작을 패는 것이었다. 사진을 찍어도 되겠느냐고 물으니 흔쾌히 포즈를 취했다. 얼굴에 행복감이 넘쳐서 참으로 보기 좋았다.

케어팜은 전 세계 농업의 새로운 트렌드

치유 프로그램에 참가하기 위해서는 의사의 소견서가 필수다. 네덜란드에서 치매 환자나 중증 장애인을 병원이나 치료 센터가 아닌 농장에서 관리하기로 결정했을 때 의료계의 반발이 없었을까? 당연히 적지 않은 반발이 있었다고 한다. 하지만 환자가 꼭 의학적인 치료나 처방이 아니라 좋아하는 일을 하는 것만으로도 나아질 수 있다는 공감대가 작용했다.

　1990년대 초 농업 개방과 세계화로 인해 꽃과 토마토 같은 화훼 특용 작물을 재배하는 네덜란드 농가에 위기가 닥쳤다. 네덜란드 경제의 근간이 된 농가가 몰락하면 국가 경제가 침체된다는 위기감이 감돌았다. 케어 정책을 결정하는 정부 책임자뿐 아니라 네덜란드 여왕이 직접 마리엔달 농장을 방문해 힘을 실어 준 것도 케어팜을 둘러싼 논쟁을 잠재우는 데 기여했다. 결국 이해 당사자 모두가 한발 양보한 결과 케어팜이 탄생할 수 있었다. 네덜란드의 케어팜에서는 간호 시식이나 경력이 있는 농가 여성들이 농장에서 농사를 짓는 대신 환자와 장애인을 보호하는 사회적 기능 역할을 담당하고 있다.

◆ 들판에서 오전 일과를 마치고 점심시간을 맞아 농장으로 돌아온 이용객들.

1997년 75개에 불과하던 네덜란드의 케어팜은 2018년, 1100여
개로 늘어났고 하루 2만 명이 이용하는 거대한 산업이 됐다. 네덜
란드 정부는 1997년 치유 농장을 지원하기 위한 지원 센터를 개
설해 케어팜으로 전환하는 것을 지원했다. 2003년에는 정부 예산
을 증액했으며 농장주가 이용객과 직접 계약을 맺을 수 있도록 했
다. 2005년에는 이용객이 장기간 치유를 받을 수 있는 길을 열었다.
2015년 전국치유농업협회The Federation of Care Farms를 설립해 국가 인증
제도를 도입하는 대신 구체적인 관리와 운영은 지방 자치 정부로

이관했다. 케어팜은 네덜란드 정부에서 도입한 지 30년 만에 사회적 농업의 대안이 되었다.

농장은 환자를 돌보며 소득을 얻고, 이용객은 집과 가까운 곳에서 자신이 좋아하는 일을 하며 행복감을 느낀다. 말 그대로 모두가 행복한 제도다. 마리엔달 농장의 연간 운영비는 얼마나 될까? 2017년을 기준으로 약 60만 유로, 우리 돈으로 약 8억 원이다. 이 중 66퍼센트인 40만 유로는 이용객들의 바우처 비용으로 지방 정부가 부담한다. 농장 설립 초기만 해도 이용료 수입이 80퍼센트를 넘었지만 조금씩 줄어들면서 하싱크 박사의 근심도 깊어지고 있다. 적자를 충당하기 위해 다양한 수익 사업을 벌이고 있다.

그중 중요한 부분을 차지하는 것이 임대 수입이다. 마을 사람들은 생일잔치나 모임 때 마리엔달 농장의 회의실과 레스토랑을 빌려서 이용한다. 2018년에 거둔 임대 수입액은 약 10만 유로다. 유기농으로 재배된 채소와 꽃, 허브의 판매 수익도 4만 유로에 달해 한몫을 한다. 나머지 부족분은 농장의 취지에 공감하는 지역 주민과 기부자가 참가하는 자선 행사와 파티를 통해 약 6만 유로의 기금을 모은다. 우리처럼 기업의 기부가 없는 대신 시민들의 자발적인 기부가 중요한 부분을 차지하는 것이다.

마리엔달 농장 입구에는 여러 표지판이 붙어 있다. 네덜란드 정부의 공인 케어팜 증명서부터 농산품 재배 및 동물 감염으로부터 안전하다는 인증서다. 네덜란드 정부는 최근 급속히 증가하고 있는 케어팜의 질적인 관리를 위해 바헤닝언대학교 등 3개 농업 대학에

◆ 네덜란드 정부 공인 케어팜임을 알리는 증명서와 안내판이 농장 입구에 걸려 있다.

농업과 치유를 접목한 학위 과정을 개설하고 지역을 특성화하는 연구를 하고 있다. 네덜란드뿐 아니라 전 유럽에서 케어팜은 새로운 트렌드다. 2013년 기준, 노르웨이 1100개, 이탈리아 700개, 벨기에 660개, 오스트리아 250개, 독일 160개, 아일랜드 130개의 케어팜이 운영되고 있다. 유럽의 케어팜 증가세는 폭발적이다.

　최근 들어 네덜란드 케어팜을 배우려는 우리나라의 각 지자체와 농민 단체의 발길이 이어지고 있다. 네덜란드 모델은 농가 지원에 무게를 두면서 사회적 약자의 복지를 결합했다는 역사적인 배경을 안고 있다. 네덜란드의 치료와 교육, 체험을 어떻게 우리 현실에 맞게 적용할 것인가? 어떻게 서비스의 질을 지속적으로 담보할 것인

누구나 일하고 싶은 농장을 만듭니다

가? 재원은 어떻게 마련할 것인가? 농촌뿐 아니라 어촌과 산촌에서
는 어떻게 적용할 것인가? 의료계의 반발에 어떻게 대처할 것인가?
우리나라 정책 당국이 풀어야 할 숙제다. 네덜란드 케어팜의 행복
한 모습을 보면서 우리도 하루빨리 적합한 모델을 찾아야 한다는
생각에 마음이 급해진다.

글_ 백경학(푸르메재단 상임이사)

상생의 가치를 살리는
에이크후버 농장

"에이크후버Eckhoeve는 모든 사람을 환영합니다." 네덜란드의 케어 팜, 에이크후버에 들어서자 수석 코디네이터 헬렌 슈링 씨가 우리를 향해 두 팔 벌려 환영의 인사를 건넸다. "이곳에서는 모든 사람이 나이와 종교, 신념, 출신 그리고 장애 유무와 상관없이 누구나 환영받을 가치가 있다고 생각합니다. 또한 그것이 우리가 가장 중요하게 생각하는 신념이자 가치이지요."

굳이 그녀의 설명을 듣지 않아도 에이크후버를 둘러싼 모든 환경이 그 신념을 설명해 주고 있었다. 유모차를 밀며 거니는 여인에게서 느껴지는 여유로움, 아이스크림을 입에 물고 뛰어다니는 아이들, 웃으며 대화하는 동네 주민들까지, 평화로움이 넘치는 이곳은 충분히 모든 사람을 포용할 만한 여유가 있어 보였다.

◆ 장애, 나이, 인종, 종교, 어느 것과 상관없이 누구나 환영받을 수 있는 곳, 에이크후버 농장.

사회적 약자를 위한 케어 서비스

케어팜에서는 치매 노인, 정신 질환자, 중증 장애인처럼 돌봄의 손길이 필요한 이들이 누군가의 도움을 받아 농장에서 일할 수 있는 공간이다. 국가에서는 이들이 일한 시간만큼 돌봄을 받았다고 인정해 케어 비용을 지불한다. 에이크후버 또한 운영비 중 60퍼센트는 케어 서비스 지원비로, 나머지는 농산물 판매와 가공, 레스토랑 운영 매출로 충당하는데 상당한 금액이었다. 농장 경영, 축산, 제조

◆ 농장 내에 있는 축사. 각각의 안내지는 자원봉사자들이 직접 만든 것이다.

등의 사업을 하는 에이크후버는 네덜란드의 케어팜 중에서 규모가 큰 편으로 축사, 대형 온실, 커뮤니티 시설, 농산물 가공 시설, 판매 시설 등 다양한 시설을 갖추고 있었다.

가장 먼저 안내를 받은 곳은 할아버지와 손녀로 보이는 두 사람이 청소를 하고 있는 가축 축사였다. 슈링 씨는 "지적 장애가 있는 이용객과 그의 업무를 돕는 자원봉사자"라며 "원활한 업무를 위해 장애가 있는 이용객과 자원봉사자를 1대 1로 배치하고 있다"고 설명했다. 이렇게 장애인 1인과 전문가 1인이 함께 직무를 수행한다면 중증 장애인도 좀 더 수월하게 직무를 익힐 수 있고, 주어진 업무도 무리 없이 완수할 수 있다. 축사에는 말과 당나귀, 소와 토끼

◆ 에이크후버 농장의 특산물인 달걀술. 방문객들에게 가장 인기가 좋은 효자 상품이다.

등 다양한 가축과 공작새를 비롯한 여러 새가 있어 마치 작은 동물원 같았다. 동물들은 장애인들이 돌보면서 교감할 수 있는 대상이다. 동물원 운영에는 인근 대학 학생들의 자원봉사가 큰 도움이 되고 있다.

맞은편 건물에는 소규모 제조 시설이 있었는데 이곳의 특산물인 달걀술을 생산하는 곳이다. 노란색의 예쁜 유리병에 들어 있는 달걀술은 8퍼센트의 알코올이 함유된 것으로 푸딩처럼 숟가락으로 떠먹는 독특한 제품이었다. 에이크후버는 오렌지색이나 초콜릿색처럼 여러 색상의 달걀술을 제조 및 판매하고 있는데, 네덜란드 여왕이 이곳을 방문했을 때 기념으로 만든 제품도 있다. 이곳을 방문하는 사람 대부분이 이 달걀술을 기념으로 사 간다. 술을 제조하는 공정은 전문가에 의해 자동으로 진행되지만 포장 및 라벨 붙이기 등 간단한 작업들은 마무리 작업 공간에서 장애인 직원들이 담당하고 있다.

농장 운영을 자발적으로 돕는 지역 주민과 대학생들

달걀술을 제조하는 생산실을 지나 농장으로 가니 케어팜의 이용객인 피터 크린커트 씨가 방문객들을 환영해 주었다. 에이크후버의 소유주인 빌코 하더먼 씨와 짝을 이루어 나무 절단 및 장작 만들기 등 비교적 단순한 업무에 참여하고 있었는데 작업하는 모습이 편안하고 즐거워 보였다. 심리적으로 여러 문제를 가지고 있었던 크린커트 씨는 2011년 1월부터 꾸준히 에이크후버에 참여했는데 케어팜 프로그램을 통해 많이 안정되고 긍정적으로 변화했다고 슈링 씨가 설명했다.

에이크후버에서는 중증 장애인 외에도 치매 노인 케어 서비스를 제공하고 있다. 또 다양한 작물과 동물을 키우고, 달걀술과 햄 같은 특산품 제조도 하고 있으며 레스토랑과 카페가 있어 요리와 카페 업무도 한다. 그 외에 다양한 육체 활동 프로그램, 음악 관련 프로그램, 창작 활동을 실시하는데 필요할 경우 외부에서 진행하기도 한다. 이처럼 선택의 폭이 넓은 직무와 프로그램이 마련되어 있기 때문에 이용자들이 가장 선호하는 방향으로 활동하도록 최대한 지원할 수 있다. 특히 이용자들의 개별 특성에 따라 별도 프로그램과 공간을 운영하고 있다. 조용한 곳을 선호하는 사람들을 위해 외부인의 출입이 금지된 휴게 공간을 별도로 마련했고, 야외 활동을 좋아하는 사람들을 위해 농장 옆 테라스에 넓은 휴게 공간을 만들어두었다. 다양한 맞춤 활동과 직무를 수행하기 위해서는 많은 사람의 참여와 도움이 필요한데 대부분 지역 주민과 대학생들이 자발적으로 참여하여 에이크후버의 운영을 돕고 있다.

업무의 선택과 계획은 이용객이 정한다

이곳에서는 이용객이 하고 싶은 일을 말하면 그것을 바탕으로 일과가 계획된다. 돌봄 시간이 정해진 케어팜들은 저마다의 출근 방식을 가지고 있다. 일부 이용객들은 정부에서 교통비를 지원하는 택시를 이용하기도 하지만 에이크후버는 자원봉사자들이 운전하는 일반 차량 3대와 버스 1대로 이용객의 출퇴근을 지원하고 있다. 케어팜 서비스의 시작은 차량에 탑승하면서부터라는 수석 코디네이터의 설명이 이어졌다. 이용자들은 매일 낯선 기사가 운전하는 택시를 이용할 때보다 자신들을 돌봐주는 자원봉사자가 운전할 때 더 큰 정서적 안정감을 느낄 수 있기 때문이다. 더불어 그들의 적응 상태에 대해서도 이야기를 나눌 수 있으므로 현재의 출퇴근 시스템을

◆ 농장 이용자들의 출퇴근을 돕고 있는 픽업 차량.

지속하고 있다고 한다.

　이용객들과 70명의 자원봉사자, 학생들이 휴식을 취하고 일과를 준비하는 넓은 공간의 한 편에 그들의 스케줄을 보여 주는 게시판이 마련되어 있다. 덕분에 매일 누가 어떤 작업을 하고 있는지 한눈에 확인할 수 있다. 더 인상적인 것은 게시판 옆에 붙은 아기들의 사진이었다. 네덜란드에는 아기가 태어나면 집을 방문해 축하하는 풍습이 있는데 이를 본떠 기쁜 일이 있으면 이곳에 사진을 붙이고 사람들끼리 축하를 주고받는다. 이곳을 거쳐 가는 이용객과 자원봉

◆ 이용객과 자원봉사자들은 자신들의 일과나 공유하고 싶은 소식을 게시판을 통해 알릴
  수 있다.

사자 모두가 한 가족처럼 챙겨 주고 공감하는 관계가 되는 따뜻한
공간이었다.

　마지막으로 발걸음을 옮긴 곳은 형형색색의 상품들을 만날 수 있
는 로컬 푸드 매장이었다. 생산실에서 이미 보았던 다양한 종류의
달걀술과 지역 특산물이 가득했다. 이곳에서 제조하고 생산한 것도
있지만 지역 사회의 생산품도 판매하고 있어 지역의 식품 창고이자
파머스 마켓 Farmers Market 역할을 한다. 이곳을 방문한 지역 주민과 방
문객이 물건을 사면서 서로 인사를 나누는 모습을 볼 수 있었다. 색

3부 농업을 통한 재활과 치유, 유럽의 케어팜을 가다

◆ 에이크후버 농장 내 로컬 푸드 매장은 파머스 마켓이나 전시장의 역할을 하고 있다.

색의 상품을 조화롭게 진열하고 은은한 조명을 설치했는데 마켓보다는 전시장이라는 말이 더 어울리는 모습이었다. 무언가를 사지 않고는 배기지 못하게 만드는 것 같았다.

함께하는 모든 일이 치유의 한 과정이다

"우리 농장에서는 누구나 하고 싶은 만큼 하고 싶은 일을 하며 행복하게 지낼 수 있도록 지원합니다. 농사일을 하거나 동물을 돌보거나 가공 업무를 하는 등 원하는 일을 하죠. 다양한 일을 개발하다 보니 사업도 늘어나고 자원봉사자와 방문객 수도 늘어나 성수기에는 한 주에 약 1500명이 방문하기도 해요." 슈링 씨의 설명에 자부심이 느껴졌다. 에이크후버는 카페, 아이스크림 가게, 동물원이자 축사, 드넓은 농장과 생산 시설, 장애인 직업 재활 프로그램, 치매 돌봄 센터, 로컬 푸드 센터 등이 한곳에 모여 있음에도 전혀 어색하지 않게 어우러져 있었다. 어쩌면 우리가 가장 바라는 이상적인 형태의 장애인 케어 시설에 가깝겠다는 생각이 들었다.

장애인이 다양한 선택과 체험을 할 수 있고, 누구에게나 열려 있어 지역 주민도 즐겁게 이용할 수 있으며, 많은 자원봉사자와 함께 운영함으로써 지역 공동체에 활기를 불어넣는 공간. 고된 일처럼 보여도 함께하는 모든 직무를 치유의 한 과정으로 생각하는 것, 돈을 버는 노동자가 아닌 서비스 이용객으로서 비용을 지불하는 시스템이 처음에는 낯설게 느껴졌다. 하지만 농장을 다 둘러보고 나니 이용객과 자원봉사자가 노동을 하고 있음에도 왜 밝은 미소를 유지하는지 이해가 되었다. 에이크후버에서 찾은 아름다운 공동체와 나눔의 철학을 하루빨리 우리나라에서도 만날 수 있었으면 좋겠다.

글_ 이은정(서울상애인종합복지관 직업지원부서장)

전 세계 스마트팜의 표준,
베쥬크 애그리포트 농장

베쥬크 애그리포트 Bezeok Agriport 농장은 네덜란드 암스테르담에서 북쪽으로 약 40킬로미터 떨어진 노르트홀란드주 애그리포트 A7 단지에 위치해 있다. 네덜란드의 최첨단 스마트팜 단지로 개발된 이곳은 2017년에만 전 세계에서 7000여 명이 방문했을 만큼 '스마트팜의 표준'으로 널리 알려진 농장이다.

베쥬크 농장이 있는 애그리포트 A7 단지는 흥미로운 역사를 가지고 있다. 1920년대까지 바다였던 이곳은 1930년대 자위더르해 간척 사업을 통해 해수면보다 5.7미터 정도 아래에 있는 육지로 탈바꿈되었다. 이후 농지로 쓰이다가 2000년대에 들어서 한 민간 회사에 의해 지금의 모습으로 개발되고 민간에 분양되었다. 현재는 농업 단지와 산업 단지가 잘 융합되어 성공적인 농업 클러스터를

◆ 척박한 간척지에서 세계 스마트팜의 표준으로 발전한 베쥬크 애그리포트 농장의 전경.

구축하고 있다. 850헥타르(약 260만 평)에 달하는 첨단 유리온실 단지와 100헥타르(약 30만 평)에 달하는 비즈니스 단지가 조성돼 있으며 농업, 물류, 에너지, 데이터 센터 등 다양한 분야의 회사가 입주해 서로 시너지를 내고 있다.

농사에 부적합한 간척지를 스마트팜으로 개발하다

"파프리카 농장에 오신 걸 환영합니다." 베쥬크 농장에 들어서자 투어 매니저인 벤 탑스 씨가 우리를 반갑게 맞아 주었다. 금융업계 은퇴 후 이곳의 투어 매니저가 된 그는 적절한 유머를 구사하며 친절하게 농장에 대해 안내해 주었다. "이 지역은 일조량이 다른 지역보다 10퍼센트 정도 많을 뿐 아니라 겨울에는 동쪽에서 따뜻한 바람이 불어와 온실의 온도를 높여 줍니다. 그리고 여름에는 서쪽에서 바람이 언덕을 넘어와 온도를 낮춰 주지요. 덕분에 생산량이 다른 지역보다 많습니다. 또 이곳은 A7 고속 도로, 공항, 항구에 쉽게 접근할 수 있어 수출에도 유리하지요."

염분이 남아 있어 농사에 부적합한 간척지의 단점을 뛰어난 시스템으로 극복하고, 다양한 강점을 활용해 세계적인 스마트팜으로 만들어 낸 네덜란드인들의 도전 정신이 느껴지는 대목이다. 농장에 들어가기 전 우리는 위생복을 착용하고 소독액으로 샤워했다. 농장의 위생 관리에 대한 철저함이 느껴졌다. 파프리카 농장에 들어서자 감탄이 절로 나왔다. 중앙 통로 양쪽으로 배치된 30헥타르(약 9만 평)의 유리온실을 포함해 총 46헥타르(약 14만 평)에 달하는 크기는 방문자를 압도하기에 충분했다. 농장 안에는 근로자들이 이동하기 쉽도록 자전거가 비치되어 있었다.

베쥬크 농장은 작물의 성장, 수확, 출하까지 전 과정에 첨단 기술을 적용한 유리온실 스마트팜이다. 유리온실에 설치된 수많은 센서

◆ 위생복을 착용하고 철저하게 소독한 뒤에야 농장 안으로 들어갈 수 있을 만큼 위생과
청결을 철저하게 관리한다.

는 내외부 환경 데이터를 실시간으로 측정해 서버로 전송한다. 그러면 환경 제어 컴퓨터가 측정된 데이터 값을 산출하고 내부 시설을 자동으로 조종해 작물 성장에 최적화한 환경을 만들어 낸다. 일조량이 많을 때는 커튼을 치고 온도가 낮을 경우에는 난방을 한다. 또 컴퓨터는 배지와 연결된 케이블을 통해 작물이 생장하는 데 필요한 양액과 빗물, 비료를 최적의 비율로 섞어 공급하고 산소와 이산화탄소 역시 센서 값에 따라 적절히 조절한다. 그렇다고 여기에 사람의 손길이 필요치 않은 것은 아니다. 이 데이터들을 분석하고

◆ 이곳에서는 스마트팜답게 다양한 자동화 설비가 사람의 노동력을 대신하고 있다.

기준값을 설정하는 것은 농업 전문가의 몫이다. 수십 년간 쌓은 농업 노하우가 데이터 분석에 고스란히 담기기 때문이다.

컴퓨터로 내부 환경을 제어하는 것 외에도 다양한 자동화 설비가 노동력을 대신한다. "삐삐" 소리를 내며 돌아다니는 자동 컨테이너는 자동으로 수확된 파프리카를 창고로 나른다. 근로자는 발밑에 달린 이동 설비의 버튼을 이용해 상하좌우로 자유롭게 이동하면서 작물을 더욱 쉽게 수확할 수 있다. 무인 자동 시스템으로 수확된 작물이 모이면 자동 분류 시스템이 분류해 박스 안에 담은 후 포장·출하된다.

유연한 고용 방식으로 생산량과 수익을 극대화하다

베쥬크 농장의 주 생산물은 파프리카다. 이곳의 파프리카 수확 시기는 3~11월로, 이 기간에 보통 4~5미터가량 자라며 줄기당 75~80개 정도 수확된다. 20헥타르(약 6만 평)의 파프리카 농장 내에서 50만 줄기가 재배되고 있다. 우리나라 시설 재배에서 수확되는 파프리카 개수가 줄기당 35개 정도임을 감안하면 2배가 넘는 생산량이다. 게다가 기후가 좋으면 이보다 더 많이 수확할 수 있다고 한다.

이처럼 높은 생산성에는 농장의 오랜 노력이 깃들어 있다. 축적된 데이터와 엄격한 오염 관리로 최적의 환경을 만들어 주면서 곳곳의 센서와 CCTV를 통해 세심하게 작물의 상태를 모니터링한다. 수확 과정에서 이상이 있는 파프리카 줄기에는 근로자가 파란색 또는 빨간색 딱지를 붙여 농업 전문가가 작물의 상태를 확인하고 신속하게 대처할 수 있도록 한다. 이러한 노력 딕분에 베쥬크 농장은 비료와 농약을 최소로 사용하는 친환경 농장에게 주어지는 'Milieu-keur'이라는 최고 품질의 에코 라벨을 받음으로써 생산물의 우수성

◆ 파프리카 줄기에 파란색, 빨간색 딱지를 붙여 농작물의 상태를 수시로 체크한다.

을 공식적으로 인증받았다. 이렇게 수확된 파프리카 중 약 95퍼센트가 유럽, 미국, 일본 등으로 수출된다.

　베쥬크 농장은 근로자 고용에서도 유연함을 보여 준다. 첨단 기술로 노동력을 절감할 부분과 그렇지 않은 부분을 명확히 구분한다. 대부분 자동화 설비가 돼 있어 넓은 면적임에도 불구하고 농장을 상시로 관리하는 핵심 인력은 농장주 부부, 농업 전문가 1명, 수확 전문가 1명이 전부다. 그 외에 필요한 노동력은 상황에 따라 파트타이머로 고용한다. 3~11월까지 바쁜 수확 시기에는 100명 정

누구나 일하고 싶은 농장을 만듭니다

도 고용하고, 청소와 배지를 새로 설치하는 12~2월까지는 약 40명을 고용한다. 이들의 업무는 암면 배지 설치, 작물 수확, 작물 분류(상품 가치가 떨어지는 작물을 골라내는 것) 등의 단순 업무가 주를 이룬다.

농장 내 근로자들은 모두 태그를 하나씩 지니고 있는데 이 태그는 근무 시간과 수확량을 실시간으로 측정해서 관리자가 파악할 수 있도록 도와준다. 많이 수확한다고 인센티브를 주는 것은 아니다. 파프리카는 익는 정도에 따라 색깔이 다르고 상품성이 다르기 때문에 적당한 시점에 따는 것이 더 중요하다. 이처럼 첨단 기술과 노동력이 적절히 조화된 모습은 매우 인상적이다.

푸르메소셜팜을 비롯한 국내 스마트팜에 이러한 시스템을 적용할 수 있을까? 베쥬크 농장 근로자의 노동 강도와 난이도가 궁금해졌다. 탑스 씨에게 발달 장애인이 이와 같은 업무를 할 수 있을지 묻자 "배지를 설치하는 일은 단순하고 위험하지 않아 발달 장애인 근로자도 할 수 있을 것"이라면서도 "다만 파프리카 수확은 높은 곳에서도 이루어지고 비록 안전 나이프이긴 하지만 수확용 칼을 사용해야 하기 때문에 어려움이 있을 수 있다"고 설명했다. 효율적이면서 안전한 스마트팜 운영을 위해서 많은 작업 훈련과 직무 분석이 필요할 것이라는 생각이 들었다.

다양한 수익 창구로 지속 가능성과 경쟁력을 갖추다

네덜란드 첨단 농업은 현재 생산량 향상을 위한 첨단 기술 적용에서 에너지 절감과 친환경 에너지 개발로 무게 중심을 옮기고 있다. 네덜란드 정부는 2025년부터 천연가스를 이용한 난방을 금지하겠다는 의지를 밝혔다. 베쥬크 농장 또한 이러한 정책에 발을 맞추고 있다. 몇 년 전까지만 해도 베쥬크 농장은 100퍼센트 천연가스를 이용해 온실 난방에 필요한 전기를 생산했지만 2014년부터는 지열 발전소를 설치해 운영 중이다. 지열 난방은 깊은 땅속까지 파이프를 심어 지열을 이용해 물을 데워 올려 보내고 이 온수에서 열을 분리해 온실 난방에 활용한 뒤 식은 물은 다시 지하로 돌려보내는 시스템이다. 현재 지하 2.5킬로미터 깊이로 설치된 지열 시스템을 앞으로 5킬로미터까지 파 내려가 더 뜨거운 물을 확보해 활용할 계획이라고 한다. 초기 비용은 많이 들지만 지열 발전을 통해 전체 에너지 비용을 무려 30퍼센트나 절감했다고 하니 굳이 환경을 강조하지 않더라도 경영의 효율성을 위해 투자할 가치가 있을 것이다.

베쥬크 농장은 자원 재활용 부분에서도 지역 사회와 협력하여 효율적인 시스템을 찾아가고 있었다. 농장에 필요한 자원은 다른 곳에서 가져오기도 하고 농장에서 불필요한 부분은 다른 곳에 판매하거나 기부한다. 작물 생장에 필요한 이산화탄소를 끌어오기 위해 주변 공단을 이용하는데 주변 공단에서 생산한 액화 이산화탄소를 이미 설치된 파이프라인을 통해 가져온 후 기화시켜 작물에 공급한

누구나 일하고 싶은 농장을 만듭니다

다. 이때 비용은 운송비만 든다. 지구 온난화를 일으키는 온실가스이자 골칫덩이인 이산화탄소를 활용할 수 있으니 주변 공단에서도 환영할 만한 시스템이다. 농장에서 생산한 전기가 남으면 주변 공단에 판매하기도 하고, 수확한 작물 중 상품성이 떨어지는 것들은 푸드 뱅크Food Bank에 기부해 어려운 이웃을 돕기도 한다.

최고의 농업 경쟁력을 가진 이 농장이 농사에만 그치지 않고 더 다양한 방법으로 수익을 창출하고자 노력한다는 점은 무척 인상적이다. 특히 농장에 견학을 오는 사람들을 허투루 보내지 않고, 전문적인 농장 투어 가이드를 두어 유료 투어 서비스 상품으로 발전시킨 것이 놀랍다. 전 세계에서 베쥬크 농장을 찾는 방문자 수가 연간 7000~8000명에 달해 농장 견학 프로그램만으로 약 12만 유로(약 1억 6000만 원)의 수익을 올리고 있다. 방문자들에게 이곳에서 생산되는 작물과 그와 관련된 굿즈Goods를 개발해 판매하기도 한다. 방문자들에게 사전 교육을 하는 공간 한 편에 'Dutch Color'라고 불리는 주황색을 활용해 만든 가방, 엽서, 스카프, 컵, 장식물 등 다양한 상품이 진열돼 있었다.

최고의 효율성을 추구하는 스마트팜이 어떻게 발달 장애인의 일터가 될 수 있을지 궁금해하는 사람이 많다. 얼핏 보기에 서로 상충하는 것처럼 보이기 때문이다. 하지만 첨단 기술이 적용된 스마트팜에도 배지를 설치하고 철거하는 일, 오렌지색으로 익은 파프리카를 수확용 가위로 따서 바구니에 담는 일 등 사람의 손길이 필요한 업무는 수없이 많다. 만약 오랫동안 무언가를 관찰하기 좋아하는

◆ 이곳의 대표 작물인 파프리카와 네덜란드를 상징하는 주황색을 이용해 다양한 상품을
생산, 판매하고 있다.

사람이라면 CCTV를 보며 농장 안에서 생기는 크고 작은 문제를
찾아 줄 수 있다. 보조 가이드로서 방문객에게 농장 안내를 할 수도
있고, 농작물 판매 시설이나 카페에서 손님을 응대하는 일을 할 수
도 있다. 이렇게 직무를 잘 발굴해 훈련한다면 스마트팜은 발달 장
애인에게 더없이 쾌적하고 안전한 일터가 될 수 있지 않을까. 베쥬
크 농장은 생산의 효율성이 꼭 이익 극대화를 목적으로 하지 않아

도 된다면, 오히려 그 효율성으로 장애인을 위한 여유를 만들 수 있다면, 스마트팜은 장애인을 위한 좋은 일자리가 될 수 있을 것이라는 확신을 심어 주었다.

글_ 박세황(푸르메재단 간사)

생산성과 환경 보호 모두 잡은 양송이 농장, 크베케레이 보스크

크베케레이 보스크Kwekerij 't Voske 농장은 네덜란드 암스테르담에서 남쪽으로 1시간 거리에 위치한 도시 우덴에 있는 양송이 재배 농장으로, 세계적 농업 강국 네덜란드가 자랑하는 케어팜 중 하나다. 길게 연결지어 세워진 빨간 벽돌 건물 안으로 들어서자 생산 총괄 대표인 에드워드 마이엔버그 씨가 우리를 맞았다. 열여섯 살 때부터 버섯에 빠져 살았다는 그가 보스크 농장 구석구석을 안내하기 시작했다.

이곳에서 생산하는 작물은 양송이다. 보통 양송이는 작고 하얗지만 이곳에서 재배하는 양송이는 크기가 좀 더 크고 밤색을 띤다. 작은 양송이는 샹피뇽Champignon 또는 베이비벨라Babybella, 좀 더 큰 특대 사이즈 양송이는 포타벨라Portabella로 구분해 부른다. 버섯의 맛

◆ 사람 머리 크기와 비교하면 포타벨라가 얼마나 큰 버섯인지 실감할 수 있다.

과 향에 본질적인 차이는 없으나 시장의 선호도나 가격은 포타벨라 쪽이 더 높아 주로 포타벨라 크기로 출시한다.

시장 선호도와 가격대가 높은 특대 양송이

포타벨라는 비타민D, 칼륨, 아미노산, 셀레늄 등 영양소가 풍부하고 맛과 향, 식감이 뛰어나서 미국과 유럽의 미식가들은 고기 대신

◆ 빵 대신 포타벨라 양송이를 이용해 만
든 햄버거. 글루텐 걱정이 없는 건강
식으로 인기가 높다.

포타벨라를 즐긴다. 포타벨라 중 큰 것은 햄버거 빵만 해서 실제
영국에서는 햄버거 빵 대신 버섯 사이에 각종 고기와 채소를 넣어
먹거나, 반대로 빵 사이에 고기 패티 대신 포타벨라를 넣어 먹기도
한다.

　　보통 버섯은 볏짚이나 톱밥을 발효시킨 배지에 종균을 심어 재배
한다. 한국은 농가가 직접 배지를 발효시켜 재배하는 경우가 많지
만, 네덜란드는 이미 종균 접종까지 마친 배지를 배지 전문 기업에
서 구입해 재배한다. 대부분의 농업 분야에서 세계 최고로 인정받
는 네덜란드답게 버섯 배지 역시 안정성과 생산성에서 최고 품질로
평가된다. 일반적으로 한국 양송이 농가에 비해 3배 이상의 생산성

을 자랑하지만 그만큼 초기 구입 비용이 비싸다는 무시 못 할 단점도 있다.

1000평을 5000평처럼 활용하는 버섯 재배실

보스크 농장의 버섯 재배실(유닛)은 총 13개다. 전체 재배실의 면적은 1000평이 조금 안 되지만 유닛마다 5단으로 이뤄진 2개의 트레이가 자리를 잡고 있어 실제 재배 면적은 5000평에 가깝다. 버섯 생육을 위한 모든 유닛의 환경은 자동으로 제어된다. 재배 시기에 따라 온도와 수분 공급, 공기의 주입과 순환이 컴퓨터와 센서에 의해 자동으로 이뤄지며 최적의 환경을 만들어 준다. "보통 한 유닛은 7주 단위로 한 주기가 이뤄집니다. 스팀 소독을 마친 유닛에 버섯 배지의 입실과 배양을 마치면 이후 2차 혹은 3차에 걸쳐 수확하지요. 1차에는 제곱미터당 20킬로그램, 2차에는 8킬로그램, 3차에는 3킬로그램 내외로 수확합니다. 이후 전체 유닛을 비우고 깨끗이 청소한 뒤 새로운 주기를 시작합니다."

유닛마다 서로 주기가 다르기 때문에 생산량은 연중 일정하게 유지된다. 이곳에서 출하하는 버섯은 대부분 영국이나 독일 등지로 수출하며 어른 손바닥만 한 포다벨라는 소포장해서 네덜란드 마트에 납품한다. 마이엔버그 씨가 "우리 농장에서 가장 예쁜 스테이지"라고 소개하며 한 유닛의 문을 열자 트레이마다 꽉 들어찬 꼬마

◆ 빼곡히 버섯이 자라고 있는 1차 수확기 유닛을 보여 주며 설명하고 있는 마이엔버그 씨.

버섯이 보였다. 동글동글 귀여운 버섯이 엄청나게 많이 자라고 있
는 모습에 모두 깜짝 놀랄 수밖에 없었다. "예쁘게 자라고 있죠? 보
스크 농장에서는 샹피뇽 20퍼센트, 포타벨라 80퍼센트를 수확해
판매하고 있어요. 포타벨라나 샹피뇽이나 버섯의 맛과 향은 거의
차이가 없습니다. 소비자들이 어떤 크기를 선호하느냐의 차이가 있
을 뿐입니다."

　포타벨라가 수익성이 더 높다면 전부 포타벨라 크기로 출시하면
되지 않을까? 하지만 손가락 하나 들어가기 어려워 보일 만큼 빽빽

누구나 일하고 싶은 농장을 만듭니다

◆ 버섯 수확에 한창인 보스크 농장의 직원들.

하게 자라는 버섯들을 그대로 두면 포타벨라가 제대로 클 수 없단
다. 즉 포타벨라가 제대로 클 수 있는 공간을 만들어 주기 위해 작
은 버섯을 솎아 내는 과정이 곧 샹피뇽을 수확하는 과정이었다. 버
섯을 따는 것은 살짝 비틀어 뽑기만 하면 되는 단순한 일이지만 빽
빽하게 올라온 버섯 중 남겨 둘 것과 따 낼 버섯을 구분하는 일에는
나름의 노하우가 필요해 보였다. 조금이라도 늦게 수확하면 버섯끼
리 서로 눌려 갓이 상하거나 모양이 뒤틀려 상품 가치가 떨어지기
때문에 매일 적절하게 솎아 주는 작업을 진행해야 한다.

보스크 농장의 버섯 생산량은 일주일에 약 15톤 정도, 단순히 계산해도 하루에 2톤이 넘는 엄청난 양이다. 그래서 하루라도 버섯을 따 주지 않으면 버섯들이 서로 부딪히며 불량 버섯이 나올 확률이 높아진다. 보스크 농장에서 일하는 20명 남짓의 직원은 새해 첫날을 제외하고 1년 내내 쉬는 날 없이 돌아가며 근무한다.

에너지 완전 자립과 폐기물 제로를 꿈꾸는 농장

보스크 농장의 중요한 목표 중 하나는 에너지 자급 및 폐기물 제로 Waste Zero 구현이다. 지붕에는 태양광 발전을 위한 패널이 촘촘히 설치되어 있고, 창문마다 녹색 태양 전지판이 장착돼 있다. 지열 에너지를 활용하기 위해 지하 70미터 깊이에 관을 심고 지하수를 끌어올려 농장에 냉·온수를 공급하는데, 지역 농가들과 공동 운영하는 열병합 발전 설비도 갖추고 있다. 또한 폐기물 제로를 실천하기 위해 농장에 사용되는 물을 재활용함으로써 물 사용량을 기존 버섯 재배 농장 대비 6분의 1로 줄였다. 재배를 마친 배지는 퇴비로 공급하고, 버섯 재배 시 발생하는 이산화탄소는 인근 딸기 농장에 공급하는 등 농장에서 발생하는 모든 부산물을 최소화하고 있다.

버섯을 수확하면 기둥 아랫부분을 잘라 주는데 특히 포타벨라는 포장과 배송을 위해 더 많이 잘라 낸다. 이렇게 잘라 내는 부분이 전체 버섯의 10퍼센트 정도 되는데 버섯의 품질에는 전혀 문제

◆ 수확 과정에서 잘라 낸 버섯 기둥은 이를 필요로 하는 푸드 뱅크나 인근 농가에 기부한다.

가 없기 때문에 이렇게 모인 부분을 인근 푸드 뱅크 기업에 기부하고 있다. 흙과 포자가 묻어 푸드 뱅크로 보낼 수 없는 최하단 부분은 소의 먹이로 공급할 수 있도록 주변 축산 농가에 보낸다. "이 기둥들은 매우 싱싱할 뿐 아니라 맛과 향, 영양 면에서도 훌륭합니다. 지금은 이 부분을 푸드 뱅크에 기부하는데 향후 수익 창출을 위한 상품으로 활용할 수 있을지 검토하고 있습니다."

우리나라 귀농인에게 사랑받는 작물, 버섯

최근 국내에도 은퇴한 귀농인이나 영농 조합 중심으로 버섯 스마트팜을 시도하는 사례가 많다. 주로 톱밥 배지를 사용한 표고버섯이나 병 배지를 활용한 팽이버섯을 재배하는데, 다른 작물에 비해 변수가 적고 스마트팜 구축에 필요한 자료가 많이 축적되어 있어 초보 농부가 상대적으로 접근하기 쉽기 때문이다. 버섯 농장의 최대 장점이자 단점은 태양광의 차단이다. 딸기나 토마토 등 다른 작물의 경우 일조량이 작물의 성장과 수확량에 매우 큰 영향을 미치기 때문에 빛을 얼마나 많이 확보하는가가 중요하다. 반면 버섯이 자라는 데에는 빛이 거의 필요하지 않아서 건물을 온실이 아닌 벽돌로 지을 수 있고, 지붕과 창문에 태양광 에너지 패널을 설치해 에너지 비용을 줄일 수도 있다.

게다가 광합성에 필요한 이산화탄소를 공급하지 않아도 된다. 수정을 위한 호박벌도 필요 없고 특별한 해충도 생기지 않는다. 바이러스가 없는 좋은 버섯종균이 배양된 배지를 확보하고, 온도와 습도를 맞춰 줄 수 있는 공기 순환 시스템만 갖추면 어느 정도 안정적인 재배가 가능하다. 딸기나 토마토가 자라는 화사한 유리온실은 아니지만 1년 내내 덥거나 춥지 않고 미세 먼지와 자외선을 걱정하지 않아도 되는 안정된 일터라는 점에서 장애 청년들이 일하기에 참 좋을 것 같다. 무엇보다 탁월한 생산성으로 장애 청년에게 꾸준히 일자리를 제공할 수 있다는 점이 매력적이다.

누구나 일하고 싶은 농장을 만듭니다

◆ 농장 지붕과 창문에 설치된 태양광 패널과 전지판. 버섯 재배 건물은 온실일 필요가 없어 적극적인 태양광 에너지 이용이 가능하다.

지구, 인간, 작물 모두에게 깨끗하고 안전한 대안

매일 귀여운 버섯을 솎아 주거나 따서 포장·가공하는 일은 반복적이면서도 새롭다. 어제 자란 버섯과 오늘 수확하는 버섯이 다르기 때문이다. 이런 대량 생산 시스템이 마치 공장을 연상시킨다는 의견도 있지만, 어제와 오늘이 같은 생명은 있을 수 없다. 가끔은 마음 졸이고 가끔은 대견해서 말을 걸기도 하며 하루하루 작은 싹과 열매가 자라는 것을 보는 일은 항상 행복하다.

자연 그대로인 상태에서 유기농 작물을 지켜 가는 일도 소중하지만 최근 환경 상태를 보면 자연 그대로인 상태에서 키우는 작물들이 미세 먼지와 중금속, 바이러스, 해충으로부터 자유롭기는 현실적으로 어렵다. 만약 보스크 농장에서 건강한 포타벨라를 공급하지 못했다면 이만큼의 버섯을 재배하기 위해 엄청난 숲을 베어 내야 했을지 모른다. 어쩌면 작은 공간에 최적의 환경을 구축함으로써 여타 공해와 병충해 요인을 차단하여 깨끗하고 안전한 작물을 키워 내는 것이 사람과 지구, 작물 그 자체를 위한 나름의 대안이 될 수 있을 것이다.

글_ 임지영(푸르메재단 팀장)

최악의 자연 환경을 극복한 스마트팜, 토마토월드

로테르담과 헤이그가 위치한 네덜란드 서부 지역을 '웨스트랜드Westland'라고 하는데, 6000여 동의 유리온실이 모여 있어 '글라스시티Glass City'라고도 부른다. 해안가라 기온 차가 작고 일조량이 풍부해서 시설 농업에 최적의 환경을 자랑한다. 온실 상당수가 6헥타르(약 1만 8000평) 이상이다. 토마토월드Tomato World로 가는 길, 반짝거리는 온실유리판으로 덮인 글라스시티의 모습은 유리 조각보를 연상케 했다.

토마토월드는 많은 유리온실 중에서도 눈에 띄는 곳이었다. 멀리서부터 보이는 온실의 벽면에는 커다란 빨간색 글씨로 'TOMATO WORLD'라고 적혀 있다. 언뜻 촌스러워 보이는 그 모습이 토마토와 잘 어울려 의외로 멋진 풍경을 자아냈다. 토마토월드 입구에 들

◆ 글라스시티라는 별명을 가진 토마토월드의 입구.

어서자 농장 관련 정보와 다양한 소개 자료가 간결하게 정리된 전시실이 가장 먼저 우리의 눈길을 끌었다. 발걸음을 옮기며 정말 토마토에 대해 궁금해지기 시작할 무렵, 토마토월드의 가이드 매니저인 엘리자베스 씨가 환한 미소로 우리를 맞아 주었다. 견학 전 따뜻한 토마토수프와 샌드위치로 점심을 먹었는데 토마토월드에서 직접 재배한 토마토와 채소로 만들어서 그런지 무척 신선하고 맛있었다.

'인간의 작품'으로 불리는 네덜란드 토마토

네덜란드는 매일 토마토 관련 음식을 먹는다고 해도 과언이 아닐 만큼 토마토 소비량이 많다. 우리가 '네덜란드' 하면 떠올리는 튤립만큼 많이 재배되는 작물이다. 네덜란드 내에는 모두 3곳의 토마토 월드가 있는데 총 규모가 50헥타르(약 15만 평)에 달한다. 그저 일반 토마토와 방울토마토로만 구분하는 한국과 달리 이곳은 모양과 색, 맛이 다른 80여 종의 토마토를 재배한다. 일반 토마토의 연간 생산량은 제곱미터당 70킬로그램이며, 미니 토마토는 제곱미터당 35킬로그램 수준이다.

유럽인들은 네덜란드의 토마토를 '인간의 작품'이라고 부른다. 초기 네덜란드의 토마토는 당도가 낮고 물이 많아 인기가 없었다. 전통적으로 유럽의 토마토 주산지는 스페인이었다. 스페인인들은 네덜란드에서 토마토를 키운다고 했을 때 비웃었다. 네덜란드는 흐린 날씨, 부족한 일조량, 낮은 온도, 소금을 머금은 토지 등 토마토 재배에 최악인 조건을 가졌기 때문이다. 하지만 오늘날 네덜란드는 80여 종의 토마토를 재배하며 유럽 전역으로 수출까지 하는 토마토 재배 강국으로 우뚝 섰다.

그 비결은 바로 스마트팜 덕분이다. 첨단 스마트팜 기술로 토마토 재배에 최적화된 환경을 만들면서 생산량이 점차 증가했다. 생산이 안정되면서 시장이 커졌고 수요가 많아졌다. 더 맛있고 병충해에도 강한 토마토 품종을 계속 개발하면서 지금에 이르렀다. 네

◆ 토마토월드에서 재배하는 토마토의 종류는 80여 종에 달한다.

덜란드의 토마토를 '인간의 작품'이라 부르는 게 이해된다.

　네덜란드가 토마토 수출 1위국이 된 또 다른 비결은 농가의 대규모화·시설 첨단화와 병행하여 진행하는 개별 기능 전문화에서 찾을 수 있다. 마케팅·유통 전문 법인이 전담하여 농작물을 브랜드화하고 적극적으로 마케팅해 브랜드 신뢰도와 제품의 가치를 높이고 있다. 이와 함께 생산에서 소매까지 체계적인 판매망을 갖추고 품질 관리와 마케팅·판매 전략을 일괄적으로 수립하는 시스템을 확립했다. "토마토월드의 토마토는 '토미스TOMMIES'라는 브랜드로 판

◆ '토미스'라는 브랜드로 판매되는 토마토월드의 상품들. 'TOMMIES'는 마치 우리나라의 '철수'처럼 네덜란드에서 흔한 남자아이의 이름이다.

매합니다. 생산량의 80퍼센트를 독일, 프랑스, 영국에 수출하지요. 토마토 판매는 '그리너리Greenery'라는 별도 법인에서 맡습니다. 생산자와 판매자가 공동 설립한 협동조합으로 거래 규모가 네덜란드 전체 채소, 과일 매출의 절반에 이릅니다.”

전 세계 농업인이 찾는 스마트팜 교육 시설

"하루에 적게는 1~2팀, 많게는 10개 팀이 토마토월드를 방문합니다. 스마트팜과 토마토에 관심 있는 전 세계인이 네덜란드에 오면 꼭 방문하는 곳 중 하나예요. 토마토 생산자, 소비자, 정책 담당자, 식품업계 관계자, 미디어 업체, 학생 등 다양한 분야의 사람이 찾아옵니다." 토마토월드는 네덜란드 토마토를 알리기 위해 홍보관과 콘퍼런스 룸, 토마토 온실을 함께 운영한다. 인당 20유로의 체험비를 받고 체험 프로그램을 진행하는데 수익금은 조합을 통해 지역 농민들에게 분배하거나 농민을 위한 수익 사업에 재투자한다.

방문자들은 직원의 안내로 내부 전시물을 돌아보며 토마토와 네덜란드 시설 농업에 대한 다양한 정보를 얻는다. 1시간 남짓한 콘퍼런스가 끝나면 방진복을 입고 직접 유리온실 안에 들어가 토마토 생산 현장을 볼 수 있다. 이후에는 이곳에서 생산한 토마토를 맛보며 농장 관계자에게 궁금한 점을 물을 수 있다. 교육 시설과 정보 센터가 함께 있어 외부 방문자뿐 아니라 농가들의 정보 교류와 협력의 장이 된다.

네덜란드 농업의 중심축 중 하나는 환경 보존이다. 네덜란드 농가는 온실가스 배출을 최소화하는 것은 물론 물을 아끼고 쓰레기 배출을 최소화하는 방향으로 끊임없이 연구하고 개선한다. 엘리자베스 씨는 자연과 인간이 공존하는 미래를 설명하며 매우 인상 깊은 동영상 한 편을 보여 주었다. 국제자연보호연맹IUCN, International

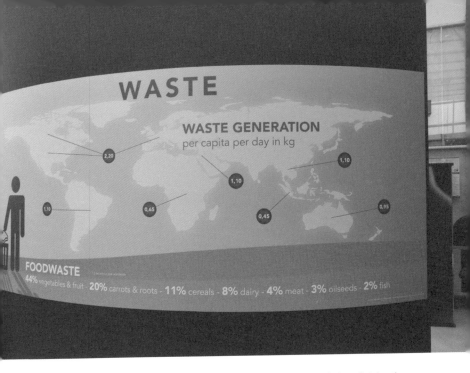

◆ 기후 변화와 전 세계 쓰레기 문제에 대한 정보를 소개하는 농장 내 안내문. 네덜란드의
스마트팜들은 환경 보호에 적극적이다.

Union for Conservation of Nature and Natural Resources이 제작한 작품으로, 자연의
관점에서 환경에 대한 경각심을 일깨워 주는 내용이다. 영화배우
줄리아 로버츠가 내레이션을 맡았는데 마지막 두 문장이 영상의 메
시지를 압축해 말해 주었다. "Nature doesn't need people. People
need nature.(자연은 사람을 필요로 하지 않는다. 사람이 자연을 필요로 한
다.)" 네덜란드의 농업이 어떤 철학과 신념을 가지고 나아가는지 짐
작할 수 있는 시간이었다. 토마토월드는 단순히 친환경으로 만든
토마토를 생산해 돈을 벌고자 하는 것이 아니었다. 가장 자연 친화

적인 방법으로 작물을 키우고 자연의 순환 법칙에 따르며 함께 살아가는 미래의 농업을 준비하고 있었다.

자연과 사람이 함께 만들어 가는 작품

토마토월드의 전시관 한쪽에는 토마토 씨앗이 골드바(Gold Bar) 모양으로 전시돼 있다. 이 씨앗은 가격이 1킬로그램에 8만 유로(약 1억 800만 원)다. 허니토마토 같은 특별한 품종은 1킬로그램에 20만 유로(약 2억 7000만 원)에 달하기도 했다. 우수한 품종의 종자를 개발하고 확보하는 것이 얼마나 중요한지 실감할 수 있었다. "네덜란드 농가는 10월경 종묘 회사에 모종을 주문합니다. 12월경 배지에 옮겨 심은 토마토를 종묘 회사로부터 전달받아 유리온실에서 토마토를 재배하기 시작하는데 보통 3월부터 10월까지 수확합니다."

토마토 재배에서 가장 중요한 것은 기본 배지다. 대부분의 농가가 '록울(Rock Wool)'이라는 암석으로 만든 암면 배지를 사용하는데 사용 후에는 벽돌로 재활용한다. 그런데 재활용하는 것은 배지만이 아니었다. 항구 도시인 로테르담은 산업 시설에서 배출하는 이산화탄소가 많다. 여기에서 발생하는 이산화탄소를 파이프를 통해 유리온실로 운반해 사용한다. 환경을 해치는 온실가스를 오히려 생산에 필요한 자원으로 재활용하는 시스템이 인상 깊었다.

네덜란드에서는 온실 규모가 3헥타르(약 9000평) 이상이 되면 대

◆ 골드바 모양으로 만든 토마토 종자. 하지만 우수한 품종의 종자는 금보다 훨씬 비쌀 만큼 가치가 크다.

부분 에너지 발전 시설을 갖추고 지속적으로 친환경 에너지 사용에 대한 더 나은 방법을 연구한다. 토마토월드는 온수 파이프를 심어 순환시키는 지열 에너지 난방을 하고 있다. 지금은 깊이 2킬로미터 정도 규모이지만 추후 4킬로미터까지 확장할 계획이다. 2004년부터는 재활용 장치를 도입해 농사에 사용했던 물을 정수해 재사용함으로써 하천 오염 예방뿐 아니라 자원 효율성도 높이고 있다. 일반 토마토 농가에서 60리터의 물을 사용한다면 토마토월드의 온실에서는 단 4리터의 물만 쓴다. 환경 보호를 위해 자원을 효율적으로 활용하고자 하는 네덜란드 농가의 오랜 고민과 노력의 흔적을 느낄 수 있었다.

국내 농가에 적용하려면 어떻게 해야 할까

토마토월드 내 유리온실은 1400제곱미터로 소규모 방문객들이 온실에 들어가 토마토 재배 과정을 지켜볼 수 있다. 온실에서 가장 먼저 들은 이야기는 바이러스의 위험성이다. 전 재배 과정이 컴퓨터로 제어되는 스마트팜이지만 한순간의 부주의로 바이러스가 침투하면 순식간에 온실 전체로 전염될 수 있어 각별한 주의가 필요하다는 것이다. 만약 감염된 작물이 생기면 경제적 손실이 막대하므로 대비책을 마련해야 한다고 강조했다.

우리가 방문한 날은 한국의 가을 날씨 정도로 바깥 온도가 그리 높지 않았는데 온실 내부는 꽤 더웠다. 폭염이 지속되는 한국의 여름을 온실 속 작물이 견딜 수 있을까? 엘리자베스 씨는 스마트팜의 첨단 기술 시스템으로 어느 정도 내부 온도를 통제할 수 있지만 무엇보다 그런 환경을 견딜 수 있는 품종을 선택하는 것이 가장 중요하다고 조언했다. 토마토월드의 토마토 재배 방식은 말 그대로 스마트했다. 병충해 방지를 위해 농약을 사용하지 않고 천적을 이용해 친환경 무농약으로 재배한다. 온실 바닥에는 온실 파이프로 레일을 설치해 작물 운반 및 난방에 활용한다. 노동력을 최소화하기

◆ 토마토월드의 유리온실은 첨단 기술을 활용해 토마토가 가장 잘 자랄 수 있는 최적의 재
배 환경을 만들어 낸다.

위해 작업의 효율성을 높이려는 노력이 엿보였다. "1퍼센트의 햇빛
이 수확량을 1퍼센트 늘려 준다"는 광량과 수확량의 비례 법칙에
근거해 바닥을 하얀색으로 덮어 토마토의 착색을 진하게 하고 생산
성을 높였다. 어느 것 하나 그냥 만들어진 것이 없었다.

　사실 우리나라에서도 스마트팜을 이용해 토마토를 재배하는 곳
이 많다. 토마토가 스마트팜에서 재배하기 가장 적합한 작물 가운
데 하나이기 때문이다. 환경을 잘 유지해 주면 15~18미터까지 자
라고 계속 열매를 생산한다. 다양한 요리에 사용되기 때문에 활용

도도 높은 편이다. 푸르메소셜팜을 비롯한 국내 스마트팜들이 재배 작물로 토마토를 적극 검토 중인 것도 이 때문이다. 레스토랑과 홍보 전시관, 콘퍼런스와 교육 및 체험 프로그램을 운영하는 토마토월드의 모습은 무척 매력적이었다. 사람들이 푸르메소셜팜에 방문했을 때 토마토월드의 엘리자베스 씨처럼 장애 청년이 사람들을 안내하고 농장에 대해 프레젠테이션한다면 정말 멋질 것이다. 방문객이 다양한 체험과 신선한 식사를 할 수 있는 레스토랑과 카페를 만들어 장애 청년들에게 다양한 업무를 선택할 기회가 주어진다면 그보다 멋진 일은 없을 것이다.

글_ 최지원(푸르메재단 대리)

오래된 온실과 첨단 기술의 조화,
훅스베터링 딸기 농장

네덜란드 헤이그에서 서쪽으로 30분, 클라프웨이크의 조용한 주택가를 지나면 훅스베터링Hoogsewe'tering 딸기 농장 간판이 보인다. 사전 조사를 했을 때 다른 기관에 비해 홈페이지가 단순하고 정보가 많지 않아 궁금증을 불러일으킨 곳이었다. 농장이 있을 것 같지 않은 주거 지역 한가운데에 상당한 규모의 딸기 농장이 떡하니 들어선 모습이 무척 이색적이다. 하지만 농업 강국 네덜란드에서는 전혀 낯설지 않은 전형적인 로컬 푸드 농장이다.

훅스베터링 농장에 들어서자 경영자인 리처드 반 디크 씨가 농장 일로 바쁜 와중에도 반갑게 맞아 주었다. 이곳은 그간 방문한 다른 네덜란드 농장들과 확연히 다른 느낌이었다. 수만 제곱미터에 달하는 대규모 온실에 첨단 자동화 설비가 세팅되어 공장 느낌이 강했

3부. 농업을 통한 재활과 치유, 유럽의 케어팜을 가다

◆ 훅스베터링 농장의 전경은 네덜란드 어디에서나 발견할 수 있는 전형적인 로컬 농장의
모습과 다르지 않다.

던 이전 농장들과 달리 한적한 동네에 자리 잡은 훅스베터링은 다
른 스마트팜에 비해 아담한 크기로, 우리나라 시골에도 있을 법한
오래되고 따뜻한 느낌의 농장이었다. 무엇보다 꽤 오래전에 지은
유리온실임에도 깨끗하고 단정하게 관리된 모습이 인상적이었다.
온실 앞뜰의 작은 우리 속에 아기 염소들이 포근하고 정감 있는 풍
경을 연출하고 있었다.

◆ 유리온실 내 설치된 딸기 고설 베드. 장신 국가답게 높이가 상당하다.

낡은 온실과 IT가 만난 스마트팜

약 3000평의 대지 위에 세워진 유리온실 안에는 1.35미터 높이의 딸기 고설高設 베드Bed가 설치되어 있다. 전 세계 200개 국가 중 국민 평균 키가 183.8센티미터로 가장 큰 나라답게 작업의 편의성을 위해 고설 베드 높이도 상당했다. "기온이 올라가면 자동으로 온실이 열리고 닫히며 실내 온도를 조절합니다. 그것만으로 부족할 때면 온실 상단 스프링클러를 통해 온도를 낮추고요. 분무된 물이 기

◆ 온실 내 기온이 올라가면 스마트팜 시스템이 이를 감지해 자동으로 스프링클러를 작동 시킨다. 여기서 분무된 물이 온실 내 기온을 낮춘다.

화하며 열을 흡수해 온도가 낮아지는 원리지요."

베드 아래 온실 바닥에는 긴 파이프라인이 설치되어 여러 용도로 사용된다. 겨울철에는 파이프로 따뜻한 물을 보내 난방에 활용하기도 하고 낮에는 이산화탄소를 공급하는 데 사용한다. 이산화탄소 공급 여부에 따라 딸기의 크기와 생산량이 10~15퍼센트까지 차이 나기 때문에 적정한 이산화탄소의 공급은 매우 중요하다.

반 디크 씨는 매달 온도, 습도, 빛, 이산화탄소 등 딸기 생육에 직접적인 영향을 미치는 요소에 대한 빅데이터를 축적하고 분석해 이를 기반으로 최적의 환경을 만들어 가고 있다. 수많은 환경 센서와 컴퓨터로 거의 모든 변수가 자동으로 제어되는 다른 스마트팜에 비하면 농부의 노하우가 좀 더 많이 적용되는 편이다. 반 디크 씨의 노력 덕분에 언뜻 평범한 농장처럼 보이는 훅스베터링은 평당 딸기 생산량이 30킬로그램이 넘어 우리나라의 어떤 딸기 농장보다 높은 생산성을 자랑한다. 우리나라도 최근 과학기술정보통신부 주도로 "미래 농업은 사람의 경험보다 데이터의 수집, 분석, 활용을 바탕으로 이루어진다"는 비전 아래 데이터 기반의 지능형 스마트팜 구현에 필요한 '미래 스마트팜 기술 개발'을 추진하기 시작했다. 머지않아 우리나라에서도 빅데이터를 기반으로 농업의 체질과 환경을 개선하여 생산성을 높임으로써 농가 경쟁력을 키우는 시대가 올 것이다.

경쟁력의 비결은 품종과 남다른 수확 방식

반 디크 씨는 농장을 안내하며 온실 안에서 올망졸망 자라는 딸기를 직접 따서 맛보게 해 주었다. 한국에서라면 이미 딸기 농사를 끝냈을 6월에도 여전히 싱싱하게 잘 자라고 있는 이곳의 딸기는 매우 달고 맛있다. '유럽 딸기는 맛이 없다'는 인식을 바꿔 준 훅스베터링 딸기 농장의 경쟁력은 품종이었다. 네덜란드 대부분의 농가에서 재배하는 엘산타 Elsanta가 아닌 아일랜드에서 개발된 몰링 센티너리

◆ 높은 당도와 예쁘장한 생김을 자랑하는 몰링 센티너리. 뾰족한 끝부분이 특징이자 매력이다.

Malling Centenary라는 품종을 재배한 덕분이다. 엘산타에 비해 생산량은 적고, 모종 비용도 더 비싸지만 단단한 과육과 예쁜 모양, 높은 당도를 가졌기 때문에 몰링 센티너리를 선택했다고 한다.

훅스베터링의 또 다른 경쟁력은 수확 방식에 있다. 다른 딸기 농장에서는 일반적으로 2번 수확하지만 이곳에서는 소비자가 좀 더 오랜 기간 딸기를 맛볼 수 있도록 온실의 영역을 잘 활용해 연간 3회 수확한다. 1차 시즌 딸기는 1월에 심어 3~7월에 수확하고, 2차 시즌 딸기는 7월에 심어 9~11월에 수확하는데 이렇게 2차 시즌 수확을 마치고 나면 잠시 휴지기를 가졌던 1차 시즌 딸기가 다시 열매를 맺기 시작한다. 한여름을 제외하고는 꾸준히 지역 주민에게 딸기를 공급할 수 있는 시스템이다.

특히 한 시즌 수확하고 나면 전체를 폐상하는 우리나라와 달리 네덜란드에서는 한 모종으로 이듬해까지 2년에 걸쳐 딸기를 수확한다는 차이가 있다. 2년 차 딸기 모는 첫해에 비해 수확량이 좀 적거나 크기가 작기도 하지만 생육 환경을 잘 조절하면 2년 차에도 충분히 좋은 딸기를 수확할 수 있다는 게 반 디크 씨의 설명이었다. 어쩌면 이것이야말로 딸기를 더 오래 열매 맺게 하고, 모종 값도 아낄 수 있는 일석이조의 방법이 아닐까 싶다.

반 디크 씨는 생산에서 유통까지 전 과정을 신경 쓴다. 한참 딸기가 열릴 때에는 일손을 구하기 힘들 정도인데 아무래도 다른 과일에 비해 과육이 무르기 쉽다 보니 일반인들에게 딸기 따기 체험을 시키거나 익숙하지 않은 일꾼을 고용하는 일은 하지 않는다. 섬세하게 작업할 수 있는 여성만 고용하고, 고객이 신선한 딸기를 먹을 수 있도록 가능하면 지역에서 바로 소비시킨다.

직거래 판로를 개척한 진정한 로컬 푸드

이 농장에서 처음부터 딸기를 재배한 것은 아니었다. 2009년 이전에는 장미를 재배했는데 생산 비용이 점차 높아지고 경쟁이 심해지자 과감히 딸기로 재배 품목을 바꿨다고 한다. 품목을 딸기로 결정한 이유를 묻자 반 디크 씨는 "주변에 딸기 농장이 없기 때문"이라고 했다. 실제로 이 농장의 반경 20킬로미터 이내에 딸기 농장이 없었고, 다른 품종의 딸기를 재배하는 농가들과 연계해 서로의 작물을 함께 판매하는 등 시너지를 내고 있었다.

딸기는 지역 주민들에게 직거래로 판매된다. 딸기 수확 여부와 딸기를 살 수 있는 시간을 홈페이지와 SNS를 통해 공지한다. 우리가 농장을 방문한 날에도 주민들이 자연스럽게 농장에 들러서 딸기와 수제 딸기잼을 구입해 가는 모습을 볼 수 있었다. 농장에서 재배한 딸기 외에 주변 농가에서 수확한 각종 채소를 함께 팔고 있었는데 마치 동네 채소 가게 같은 모습이었다. 딸기 농장에서 왜 굳이 다른 작물까지 팔까 싶었지만 그 지역에는 큰 상가가 없기 때문에 주민들이 필요한 채소와 과일을 한 번에 살 수 있도록 배려한 것이다. 그리고 이것이야말로 지역 농가와 서로 도우며 함께 성장하는 상생 모델이라는 생각이 들었다.

이 농장에서 생산하는 연간 8만 1000킬로그램에 달하는 수확량 대부분이 이 직거래를 통해 소진된다고 한다. 혹여나 딸기가 너무 많이 나와 직거래로 다 판매하지 못하면 인근의 마트에 납품하기도 한다. 지역 주민과 지역 농부, 마트와의 유기적인 관계와 상생의 힘을 보여 주는 부분이다.

◆ 농장에서 재배한 딸기를 구입하고 있는 아이의 모습. 농장의 수확량 대부분이 지역 사회와의 직거래를 통해 소진된다.

농장 운영 방식에서 확인한 성숙한 시민 의식

네덜란드 정부는 지속 가능한 환경을 위해 시설 원예 농장에 엄격한 친환경 시스템을 구축하도록 하는 정책을 펴고 있다. 농장에서 사용되는 물을 절감하는 것은 물론 농장에서 배출되는 양액 등 부산물을 최소화하고 재활용해야 한다. 에너지 사용량이 많은 일정 규모 이상의 시설 원예 농장들은 반드시 신재생 에너지를 직접 생산해 활용하도록 하고 있다. 2027년부터는 온실에서 사용하는 물

◆ 농장에서 수확한 시식용 딸기의 먹음직스러운 모습.

과 비료를 온실 외부로 배출하는 것이 전면 금지된다고 하는데 훅스베터링 농장에서는 이미 온실에서 사용하는 물을 외부로 배출하지 않고 자외선으로 살균하여 재사용하고 있다.

딸기 재배 과정에서도 농약은 전혀 사용하지 않고 천적을 이용해 병충해에 대응하고 있다. 이미 병충해가 생긴 경우라면 유기농 천연 살충제를 사용하여 안전한 무농약 딸기를 소비자에게 제공하고 있다. 수확한 딸기 중 크기나 모양 면에서 1급을 충족시키지 못한 딸기는 버리지 않고 잼으로 가공해 판매한다.

이처럼 작은 마을의 농장마저도 지역과 상생하고 조화를 이루며, 나아가 지구의 지속 가능한 환경과 미래를 함께 고민하고 실천하는

◆ 상품 가치가 조금 떨어지는 딸기는 잼으로 만들어 판매함으로써 부가 수익을 올리고 있다.

네덜란드의 모습은 이제 막 걸음마를 떼고 있는 한국의 스마트팜에 적지 않은 시사점을 던진다. 누가 강요하기 전에 스스로 환경을 위한 방법을 찾아 실천하는 시민, 더 신선하고 건강한 딸기를 소비자에게 제공하기 위해 노력하는 농부, 그에 필요한 연구와 투자를 아끼지 않는 경영자, 지역 주민과 지역 농민과 협력하고 상생하는 공동체의 노력 등이 융합된 농장의 모습은 좋은 선례가 될 것이다.

글_ 탁현정(전 종로장애인복지관 평생교육지원팀장)

푸르메소셜팜에서
희망을 심고 가치를 수확합니다

2019년 푸르메재단과 함께 일본으로 떠나던 날이 기억난다. 비행기 안은 꽤 추웠다. 배낭에서 겉옷을 하나 꺼내 입을까 생각하다가 말기로 했다. '장애 청년들의 일자리, 푸르메소셜팜 건립'을 위한 연수 길에 오르다 보니 이런저런 과거의 일이 두서없이 떠올랐다. 사실 유럽이나 미국 등 선진국의 장애 시설을 살펴보는 것은 내게 아주 익숙하다. 나는 딸과 아들을 뒀는데, 올해 서른두 살인 아들은 지적 장애가 있다. 아들에게 장애가 있다는 것을 알고 난 후 아니, 더 정확히 말하자면 아들의 장애는 현실이고 그것을 받아들여야 한다고 인정한 이후 세계 각국의 장애 시설을 미친 듯이 돌아다녔다. 아들이 장애를 가지고 살기에는 한국의 현실이 너무 팍팍했다. 그래서 이민이라도 가 볼까 했다. 결국 우리말도 채 습득이 안 되는 아이에게 또 다른 언어와 인종 차별의 벽을 만들어 줄 수가 없어 포기했다. 하지만 당시 세계 각국을 다니며 본 모습은 내게 놀라움과 충격을 주기에 충분했다.

20여 년 전, 우리나라 장애 청년들은 보호 작업장에서 가내 수공업 같은 일을 하면서 양은 식판에 단무지 두어 조각을 받아먹고 멜라민 컵을 썼다. 누구 옷인지도 모르고 쌓아 놓은 것 중에 하나 골라 입은 트레이닝복은 크거나 작았다. 머리는 아우슈비츠 수용소에 갇힌 유대인처럼 다 밀린 채 큰 방 하나에서 여럿이 모여 잠을 잤다. 그런데 놀랍게도 선진국의 장애 청년들은 흰 식탁보에 유리컵이 세팅된 곳에서 밥을 먹었다. 자원봉사자들은 그들의 청바지를 다리미로 다려 입혔다. 그 장애 청년들은 자신의 사진이 붙어 있고, 직접 선택한 벽지를 바른 개별 방에서 살고 있었다.

남편과 나는 자식의 장애를 어떻게 받아들여야 할지 몰랐지만 적어도 한 가지는 확실해 보였다. 우리가 우물쭈물하다가 저 아이만 남겨 놓고 세상을 떠난다면 아이는 어디인지도 모르는 곳에서 머리를 빡빡 밀린 채 방바닥 한구석에서 쭈그리고 잠을 자게 될 것이라는 점이었다. 자기가 좋아하는 청바지도 입을 수 없고 아이패드도 사용할 수 없다. 비데가 없으면 속옷은 또 얼마나 더러워질까? 그것을 잘 빨아 입을 수는 있을까?

아이를 키우면서 한 번도 쉬운 적은 없었다. 의사는 장애 진단을 내리면서 조기 교육을 시키라고 하는데 특수 교육을 하는 유치원이 절대적으로 부족한지라 자리를 얻기 위해서 헤맸고, 초등학교 교장

선생님은 장애 아동을 따로 돌봐 줄 수 없으니 데리고 나가라고 했다. 게다가 음악 치료, 놀이 치료, 언어 치료, 운동 치료 등 '치료'라는 이름이 붙은 것은 왜 다 그리 비싼지…… 하루하루가 버거웠다. 그래도 치료에 매달릴 때는 희망이 있어 행복했다. 막상 특수 학교를 졸업하고 나니 갈 곳이 없었다. 복지관은 이미 포화 상태고 어렵게 들어간다 해도 2~3년이 지나면 그 자리를 내어 주어야 했다.

어떻게든 우리가 죽기 전에 그 아이가 살길을 마련해야 했다. 그래서 선택한 것이 '농업'이다. 눈을 감았다 뜨면 직업 하나가 없어지는 시대지만 그래도 사람은 먹어야 사니 농업이라면 지속 가능할 것 같았다. 나이를 먹어도 해고될 염려 없이 할 수 있을 것 같았다. 하지만 농사일이 어디 그렇게 만만한가? 뜨거운 태양 아래서 힘들게 일해야 한다고 생각하니 마음이 짠했고, 농한기인 겨울에는 무엇을 하면서 지낼지 걱정이 되었다. 그러다가 2008년 '식물 공장'이라는 것을 처음 접했다. 아들의 장래를 위해 충분히 매력적이었다. 다행히 여주에 아버님께서 남겨 주신 땅이 있어 지난 2010년에 스마트팜을 지었다.

그렇게 농업을 시작한 후 나는 더 이상 마트에서 카트를 밀고 고고하게 장을 보던 고객이 아니었다. 남편은 서른 살 언저리로 보이는 자식 같은 마트 관계자에게 90도로 절을 하고 다녔다. 우리가 생산한 농산물을 팔기 위해 시식을 권하면서 평생 처음 "사모님, 드셔 보세요"를 외쳤다. 그들이 뿌리치는 팔에 노여워할 권리도 없었다. 그때 돌아가신 어머니 말씀이 떠올랐다. "원래 부모란 자식을 위해

누구나 일하고 싶은 농장을 만듭니다

짚더미를 메고 불구덩이 속으로 들어가는 사람들이란다."

장애 부모라는 이름을 가진 사람들은 뱃속에 자존심을 넣고 살면 안 된다. 언제든 우리 아이를 부탁할 때는 뱃속에 아무것도 들어 있지 않은 것처럼 허리를 굽힌다. 고상하거나 품위라는 사치를 품고 살아서도 안 된다. 언제든 아이가 위험하다는 생각이 들면 발톱을 세우고 상스럽고 거칠어져야 한다. 장애 자식을 품은 대부분의 부모가 그럴 것이다. 그렇게 하지 않으면 우리 아이들이 살아남을 수 없다는 것을 알기 때문이다.

우리는 일본에 도착해 4박 5일 일정으로 교마루엔, 무몬 복지회, 오사카부립대학교 식물공장연구센터, 모쿠모쿠 농장 등을 돌아봤다. 저마다 특색을 갖춘 농업 복지 모델을 우리에게 보여 줬다. 그리고 우리는 저녁마다 모여 그날 다녀온 기관을 평가하고 다음 날 방문할 기관의 정보를 공유했다. 비전문가인 내가 그 자리에 끼어 의견을 말하려니 이전에 경험한 농장 이야기밖에 할 말이 없었다. 10여 년 동안 붙잡고 있었지만 별다른 성과를 못 내고 접어야 했던 농장. 짐짓 웃으며 '망했다'고 표현했지만 마치 마라톤을 뛰다가 체력이 고갈되어 다리가 풀린 채 숨을 헐떡이며 어쩔 수 없이 포기하는 것처럼, 그 목적과 동기가 너무 애달파서 마음이 쓰리고 아팠다.

처음에 푸르메재단이 장애 청년들을 위한 스마트팜을 구상한다는 정보를 온라인에서 우연히 접한 후 심장이 떨렸다. 드디어 왔구나, 우리에게도 이런 사회적 용기가 생겼구나. 세월이 흐른 만큼 우리나라도 성장했구나 싶었다. 마치 오래된 성당과 아름다운 성을 몇 세대에서 걸쳐 짓듯이 장애 청년들의 농업 프로젝트도 그렇게 몇 번의 기회를 거쳐 완성되는 건지도 모른다. 내 아들에게만 집중한 편협하고 이기적인 생각을 내려놓아야 한다. 농장이 우리 재산이라는 생각도 버려야 한다. 배턴을 넘겨 더 젊고, 강하고, 선한 사람들이 잘해 주리라 믿고 응원해야 한다. 그래서 우리 부부는 한 치의 고민도 없이 운영하던 농장을 푸르메재단에 기부하기로 결정했다.

이 세상은 강자만이 살아남아서 피 터지게 싸우는 곳이 아니다. 홀로 충분히 강하게 살아갈 수 있음에도 선하게 살기로 마음먹은 사람들이 있다. 강하고 선한 사람들은 더 많은 사람을 배려하고 더 어려운 사람을 격려한다. 마치 처음부터 함께 살도록 결정된 것처럼. 푸르메재단에서 만난 사람들은 말했다. 이제부터는 자신들이 대신 달리겠노라고……. 오랜 역사 속에서 장애를 안고 태어난 사람들에게는 부모의 보호만이 전부였다. 그러나 사람은 진화한다. 더 선하고 중요한 가치를 깨닫고 더 좋은 사회, 더 살 만한 나라를 만들면서 약자를 돌보는 방법을 배웠다. 경쟁하면서도 배려를 배우고, 치열하게 살면서도 한순간 내게도 닥칠 수 있는 누군가의 아픔을 이해하는 것으로 풍요를 넘어 풍성한 삶을 만들어 왔다. 물질이 감히 넘볼 수 없는 고귀한 가치다.

강하고 선한 이 사람들은 제때 치료가 필요한 장애 어린이들을 위해 푸르메재단 넥슨어린이재활병원을 건립한 것처럼 또 새로운 가치를 만들어 줄 것이다. 이와 같은 좋은 모델이 있기에 대통령 역시 권역별 어린이 재활 병원 건립을 약속하지 않았는가? 그에 대한 확신이 있다면 정부도, 사회도 지켜보는 것에서 그치지 않고 나아가 격려하고 응원하며 동행해 줄 것이다. '이어달리기'의 첫 주자였던 우리의 역할은 끝났다. 이제 응원석으로 돌아갈 시간이다. 우리 팀이 조금 늦게 달려도 실망하지 않을 생각이다. 푸르메재단이 만드는 스마트팜이 어떤 모습으로 나타날지, 장애 청년들에게 어떤 일자리를 줄지 아직은 모르지만, 전문가들과 함께 고민하며 가장 좋은 답을 찾아 주리라 믿는다. 우리는 끝까지 응원할 준비가 되어 있다. 또한 모든 장애인 부모의 마음을 대신해 진심으로 감사드린다.

글_ 장춘순(우영농원 이사)